7人家族の主婦で1日3時間しか使えなかった私が知識ゼロから難関資格に合格した方法

税理士
原 尚美

中経出版

はじめに

『7人家族の主婦で1日3時間しか使えなかった私が知識ゼロから難関資格に合格した方法』。

長いタイトルですよね。本書にはこのタイトル通り、勉強時間が思うようにとれない中で、なんとか難関試験に合格するために私が編み出した「思考法」と「勉強法」が詰まっています。

「時間のない中で頑張る人」に共通する壁

突然ですが、もしかしたらあなたは、こんな悩みを持っているのではありませんか？

「資格を取ろうと思って勉強を始めたけど、急に仕事が忙しくなってしまい、勉強が進まない」

「地道に勉強を続けているのに、なかなか成果が出ない」

「試験勉強をしたいと思っているけど、何から始めていいのかわからない」

これらは「時間のない中で資格取得に向けて頑張っている人」に共通する壁です。多くの人が、この壁によって夢を阻まれています。逆にいえば、この壁を突き破れるかどうかが、すなわち「資格試験に合格できるかどうか」の分かれ目なのです。

申し遅れました。私は税理士の原尚美と申します。主婦として1人の子どもを育てる傍ら、スタッフ20人全員が女性という一風変わった会計事務所（自分で言うのもなんですが）を主宰しています。

一介の主婦・税理士である私が、なぜこのような本を執筆するにいたったのか。それは、私の経験が必ず、忙しい中、本気で勉強しようとしているあなたの役に立てるはずだという自負があるからです。

自分の人生、「原さんちのお嫁さん」で終わりたくない！

そもそも私が税理士を目指したのは、20代も後半に入ってからです。きっかけは「自分の人生、専業主婦で終わりたくない！」という強い思いからでした。

20代半ばで結婚。6人家族の夫の家に嫁いだ私は、それ以降「長男の嫁」として家事に追われることになりました。

大所帯なので、ただでさえ、毎日やらなければいけない家事の量が多かったのですが、それに加えて食事のタイミングがみんな違うため、私は家族一人ひとりのために食事を朝・昼・夜各2回用意するような生活が続いていたのです。家事が忙しすぎて、自分の時間を持つどころか、起きている間は休む暇すらありません。**いいお嫁さんでありたいと思う反面、当時は「自分の人生がすべて家事で終わってしまう」という強迫感がありました。**

「『原さんちのお嫁さん』で終わるのではなく、なんとか社会とのつながりを持ちたい！」。私は一念発起し、「会計士である夫を仕事面でも支えるため」という大義名分で家族の理解を得て、屈指の難関資格である税理士試験の勉強を始めることにしたのです。

「圧倒的不利」だからこそ生み出せた独自の勉強法

税理士は合格率10％以下といわれる難関資格です。簿記の勉強をしたことさえもない私にとっては、まさにゼロからのスタートでした。税理士試験のライバルたちと比べたら、私は圧倒的に不利な状況です。

だからこそ私は、限られた勉強時間の中で、ライバルの誰よりも多くの知識を吸収し、本番の試験で最大限にアウトプットする必要がありました。そのために編み出した勉強法が、本書でご紹介する『知識ゼロから難関資格に合格した方法』なのです。

この勉強法を信じ、続けたおかげで、私は簿記の勉強を始めて1年で税理士の必修科目「簿記論」に合格。その後も順調に合格科目を増やしていき、丸4年で税理士取得に必要な全5科目に合格することができました。**すべて一発合格です。**

「いかに本番でアウトプットできるか」が勝負

私が歩んだ税理士試験の勉強の基本的な流れは、次の通りです。

「何を考えて、どう勉強すれば本番で点を取れるか」を整理する（第1章）

↓

絶対に集中力が途切れない勉強環境をつくる（第2章）

↓

「本番で使いやすい状態」で知識をまとめる（第3章）

↓

本番当日には「点を稼ぐ考え方」で問題を解く（第4章）

また、勉強と並行して、本番の重圧に負けないように「心を整える」ことも意識していました。これについては第5章でご紹介します。

私が何よりも重要視していたのが「本番でのアウトプット」です。「どんなに勉強しても、本番でコケたら税理士になれない」「税理士になれなければ、私は専業主婦のままで終わる……」という気持ちから、「本番で使える知識を、効率的に身につける」ことを第一に考えました。

本書の考え方やノウハウを参考にして、あなたが新しい人生を切り拓くことができたとしたら、これほどうれしいことはありません。

２０１２年２月

原　尚美

７人家族の主婦で
１日３時間しか
使えなかった私が
知識ゼロから
難関資格に
合格した方法

CONTENTS

第1章 「何を考えて、どう勉強すれば本番で点をとれるか」を整理する

CONTENTS

第2章 絶対に集中力が途切れない「勉強環境」のつくり方

第3章 本当に時間がなかったからこそ編み出せた「超合理的」な勉強法

CONTENTS

第4章 本番で確実に点を稼ぐ「受かる人」の考え方

CONTENTS

第5章 重圧に負けない「メンタル」の鍛え方

第1章

「何を考えて、どう勉強すれば本番で点をとれるか」を整理する

1
「本番」で力を発揮できないのなら勉強する意味はない

「本番での結果」で人生が決まる

勉強には必ず「本番」があります。大学受験や資格試験などはその最たるものです。**本番の試験で合格点に届かない人は、1000時間勉強した人も1分も勉強していない人も、みな一様に「不合格者」です。**「自分はこれだけ勉強してきたんだ！」「試験には出なかったけど、自分はこの部分なら誰にも負けない自信があるんだ！」といくら主張したところで、結果は覆りません。

これは試験に限ったことではありません。たとえば「プレゼンがうまくなりたい」

と思って、プレゼンに関するビジネス書を10冊読んで勉強しても、本番のプレゼンがうまくいかないのなら、その人はやはり「プレゼンの下手な人」のままなのです。

厳しいようですが、これが世の中というものです。

成果が出ない人は「アウトプット」を軽視している

勉強の本質は、情報を「インプット」して、それを自分の中で「分類して保存」し、活かすべき本番で「アウトプット」するということです。

「しっかり勉強しているはずなのに、なかなか成果が出ない」という人のほとんどが、この「アウトプット」を軽視しています。極端にいえば、「インプット」と「アウトプット」を別物と考えている。だから、「あんなに頑張って単語を覚えたのに、肝心な試験で思い出せない」とか、「いちばん勉強時間を割いた範囲が試験に出なかった」ということが起こるのです。

インプットの質を上げたいのなら、まずは活かすべき「本番」でのアウトプットを考えることから始めましょう。

まずは「過去問題集」と「答え」を丸暗記

たとえば、本番の1週間前に「試験問題」と「解答」を手に入れることができたとしたら、その試験は楽々合格できると思いませんか？　「本番の試験にどんな問題が出て、どんな答えを書けばいいのか」が事前にわかっているわけですから、それを集中的に暗記すれば、試験範囲のすべてを理解していなくても満点をとれるわけです。

「本番の試験で力を発揮する」ためには、「本番の試験にどんな問題が出て、どんな答えを書けばいいのか」をつかんでおけばいいのです。そのために私は、勉強を始める前に「まず過去問を購入して、問題と答えを丸暗記する」という勉強法をおすすめします。常にアウトプットを意識するのが、合格への第一歩です。

ポイント

知識をインプットする前に「本番でのアウトプット」をまず考える

常に「アウトプット」を意識しながら勉強する

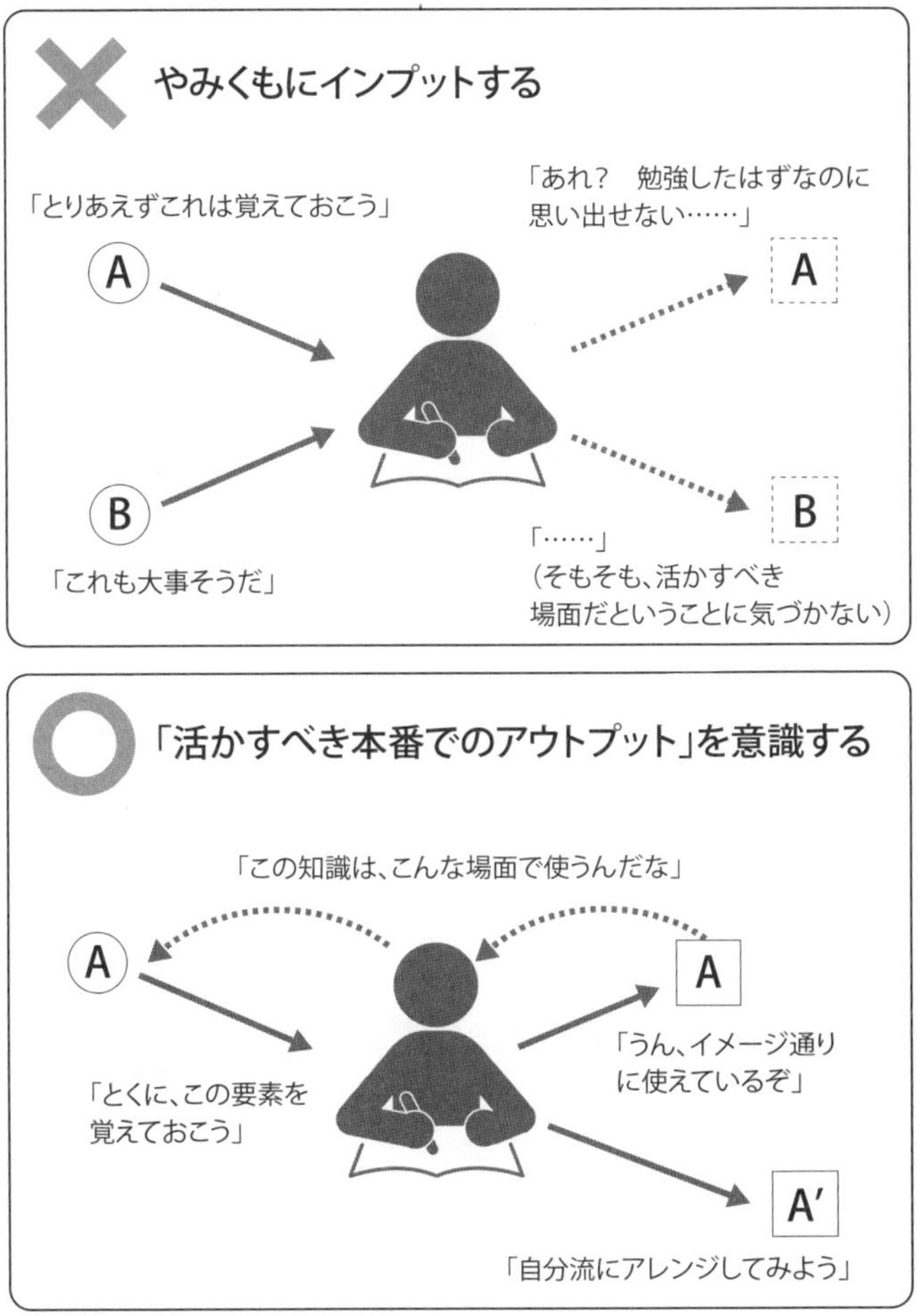

2 「自分にとってのゴール」に一歩ずつ近づくのが大人の勉強

「資格試験」と「大学入試」の決定的な違い

資格試験の勉強は、大学入試のための受験勉強とは大きく違います。

大学入試では、1点でも高い点数をとって「ライバルに勝つ」ことが目的でした。スポーツでいえば、テニスのようなイメージです。自分がどんなに練習を頑張って上達したとしても、相手がそれ以上に強ければ打ち返されてしまいます。

とくに難関私大では、出題する側も「落とすための試験」という認識を持っているため、重箱の隅の隅まで勉強しなければ正解できないような問題を出してきます。そして実際、その問題を正解できるかどうかが合否の決め手になります。

一方、資格試験は基本的に「自分が合格点をとれさえすれば合格」であり、ライバルの動向を気にする必要はまったくありません。

最も身近な資格として「普通自動車第一種運転免許（普通免許）」をイメージするとわかりやすいと思います。普通免許の学科試験の合格ラインは9割といわれていますが、ほとんどの資格試験はそこまで厳しくなく、だいたい6～7割をとることができれば合格です。どんな試験でも合格ラインの目安が公表されていますので、これをしっかりと押さえておきましょう。

資格試験の勉強は、スポーツでいえばゴルフのイメージです。ゴルフでは、たとえどんなに下手でも、自分のペースで打っていけば確実にカップに近づくことができます。空振りはあるかもしれませんが、後ろに進むことはありません。一歩一歩、自分にとってのゴールに近づいていくことを楽しむのが「大人の勉強」というものです。

「満点」ではなく「合格点」を目指す

「満点」ではなく「合格点」を目指すとなると、勉強の仕方もだいぶ変わってきます。

単純に「気分的に楽になる」のはもちろん、極端な話、「苦手分野を捨てて、少しでも得意な分野・興味のある分野の完成度を上げていく」という勉強法も可能になってくるのです。

何が何でも苦手分野をクリアしなければ……と追い込まれることもなくなるので、より前向きに勉強を進めることができます。

ポイント

自分のペースで「合格点」を目指す勉強をする

「自分にとってのゴール」に一歩ずつ近づく

● 大学入試の受験勉強

テニスのように、
相手が自分より強ければ
あっさりと負けてしまう

● 資格試験の勉強

ゴルフのように、
自分のペースで
ゴールに一歩ずつ近づける

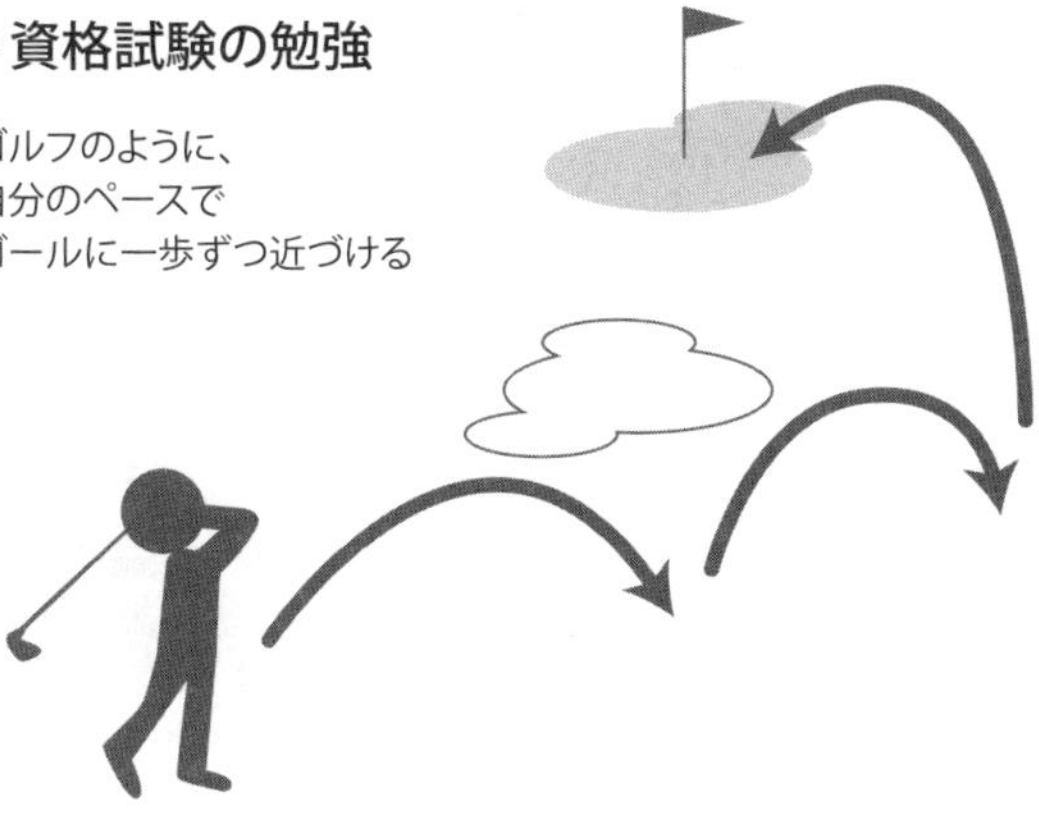

3 「頭のいい人」になる必要はない。「本番で点をとれる人」になれ

「本当の実力」は、合格後にゆっくりつければいい

20ページで述べたように、私は「過去問と解答をいきなり丸暗記する」という勉強法をしてきました。この話をすると、必ず「実力がついていないうちに過去問を解いても仕方がない」とか、「すぐに解答を見てしまっては、本当の力が身につかない」と言う人がいます。

はっきり言いましょう。私は「試験本番で点がとれる力」を身につけることが、資格試験の受験生にとっていちばん必要なことだと考えています。確かに「実力」や

「本当の力」を身につけることも大切かもしれません。**しかし試験に受からないことには、その「実力」「本当の力」を発揮する場面すら与えられないのです。**

資格取得を目指す人は基本的に真面目です。そのため、「将来、資格で仕事をするときのために、できるだけ試験勉強で知識を吸収しておく」と考える人が多いように思います。

これは大きな誤解です。私も実際に税理士を始めてからわかったことなのですが、試験で求められる知識と実務で求められる知識は、質がまったく違います。

試験勉強で学んだ知識は基本にすぎません。実際のビジネスでは、より高い専門性が求められるので、その都度、勉強して知識のレベルを上げていく必要があります。

逆にいえば、実務で必要な知識は、資格を取ったあとに勉強すれば十分なのです。

ポイント

「試験勉強」と「将来のための勉強」を分ける

4 資格取得を目指す前に知っておきたい「資格」の本質

資格は、先の見えない世の中を生き抜く「武器」

私は税理士という仕事柄、多くの企業の財務状態を見せていただいたり、資金調達の相談に乗ったりしています。**その中で痛烈に感じるのは、日本の企業の現状は、ニュースや新聞で報道されている以上に深刻だということです。**

日本の人口は年々減少し、国内市場は縮小しています。世界の市場に出ていこうとしても、新興国の台頭によって競争は激化の一途。加えて「超円高」で輸出企業には強い逆風が吹いています。

かつて、ただ「大企業に勤めている」というだけで、ビジネスパーソンとしてのひとつのブランドになっていた時代がありました。終身雇用や年功序列が当たり前という時代では、どんなに仕事ができなくても「大企業に勤めている」というだけで羨望《せんぼう》の的であり、生涯そのブランドの上で安定した生活を送ることができたのです。

しかしいまや、どんな大企業であっても、外資系企業に突然吸収されたり、大規模なリストラを発表したりするのは、珍しいことではなくなりました。

「会社」という後ろ盾は、いまやまったく信用できなくなったといっていいでしょう。

そんな中で、私たちはこれからの人生を生き抜くための武器を手に入れ、それを磨いていく必要があります。その武器こそが「資格」です。資格は、先の見えない世の中を生き抜くための武器となってくれます。

「自分の適性」に合った、「稼げる資格」を取る

ただ、「資格」と名のつくものを何でもかんでも取りなさい、と言うつもりはありません。むしろその逆です。資格マニアになるのではなく、**「自分の適性」に合った**

「稼げる資格」を、時間をかけてでも確実にものにしてほしいのです。

ここは大切なところですので、詳しく解説させてください。

①「自分の適性」を考える

ここにひとりの男性がいます。仮にAさんとしましょう。

彼は弁護士と弁理士と中小企業診断士の3つの資格を持っています。しかも資格取得に満足することなく、日々最新の事例の研究を重ねています。「すごい！」と思うかもしれません。しかし残念ながら、彼には顧問先がひとつもありません。コミュニケーション力や営業力に欠けているため、仕事を獲得することができないのです。

この事実を、私たちはどうとらえればいいのでしょうか。

まずひとつ、確実にいえることは、彼がいま本当に学ぶべきは「弁護士・弁理士・中小企業診断士として知っておきたい最新の事例」ではなく、「コミュニケーション力」や「営業力」だという点です。

弁護士や税理士、行政書士、社会保険労務士といった資格は、会社組織に所属する場合は別にして、基本的に独立して、自分で事務所を運営していく力が必要になります。スペシャリストとしての専門性だけではなく、コミュニケーション力や営業力といった、どこの会社でも必要なごく普通の能力も求められるのです。

ですから、もしも自分が「専門性にかたよっている」と思うのであれば、資格を取ったあとのことも考えておくべきでしょう。

独立して自営業になるのではなく、会社などの組織で資格を活かすという選択肢もありますし、独立しても顧客獲得に困らないように、いまからスキルを磨いたり、人脈を広げるといった準備をするという対策もとれます。

②「稼げる資格」を取る

世の中に資格の数はあまたありますが、「稼げる資格」と「稼げない資格」にはっきりと分かれます。

当たり前といえば当たり前のことですが、簡単に取れる資格ほど「稼げない」傾向にあります。簡単に資格を取って、それを武器に人生を変えようなんて甘いのです。

稼ぐなら難関資格に挑戦するべきです。

加えて、難関資格を取得するには、通常、数年の年月がかかります。勉強に時間を割く代わりに犠牲にするものも少なくはなく、それなりの覚悟も必要です。

以前、私の税理士事務所に相続の相談ではじめて訪れたお客さまが、権利書や通帳、実印などを「先生にお任せするので、すべて預かっていてください」と言って置いていこうとしました。さすがにお断りしましたが、なぜ彼が初対面の私に重要書類や実印を預けようと考えたのかといえば、それはひとえに、私が「税理士」だからです。たったそれだけで、初対面の人が信用してくれるのです。

28ページでも私は、「税理士という仕事柄」と述べました。そう、まさに「仕事柄」信用していただき、大切な仕事を任せていただけるのです。「稼げる資格」はそれ相応の責任を負います。人格的にも磨き続かなければなりません。

ポイント

自分の適性に合った、稼げる資格が「武器」となる

資格という「武器」を有効に活かす

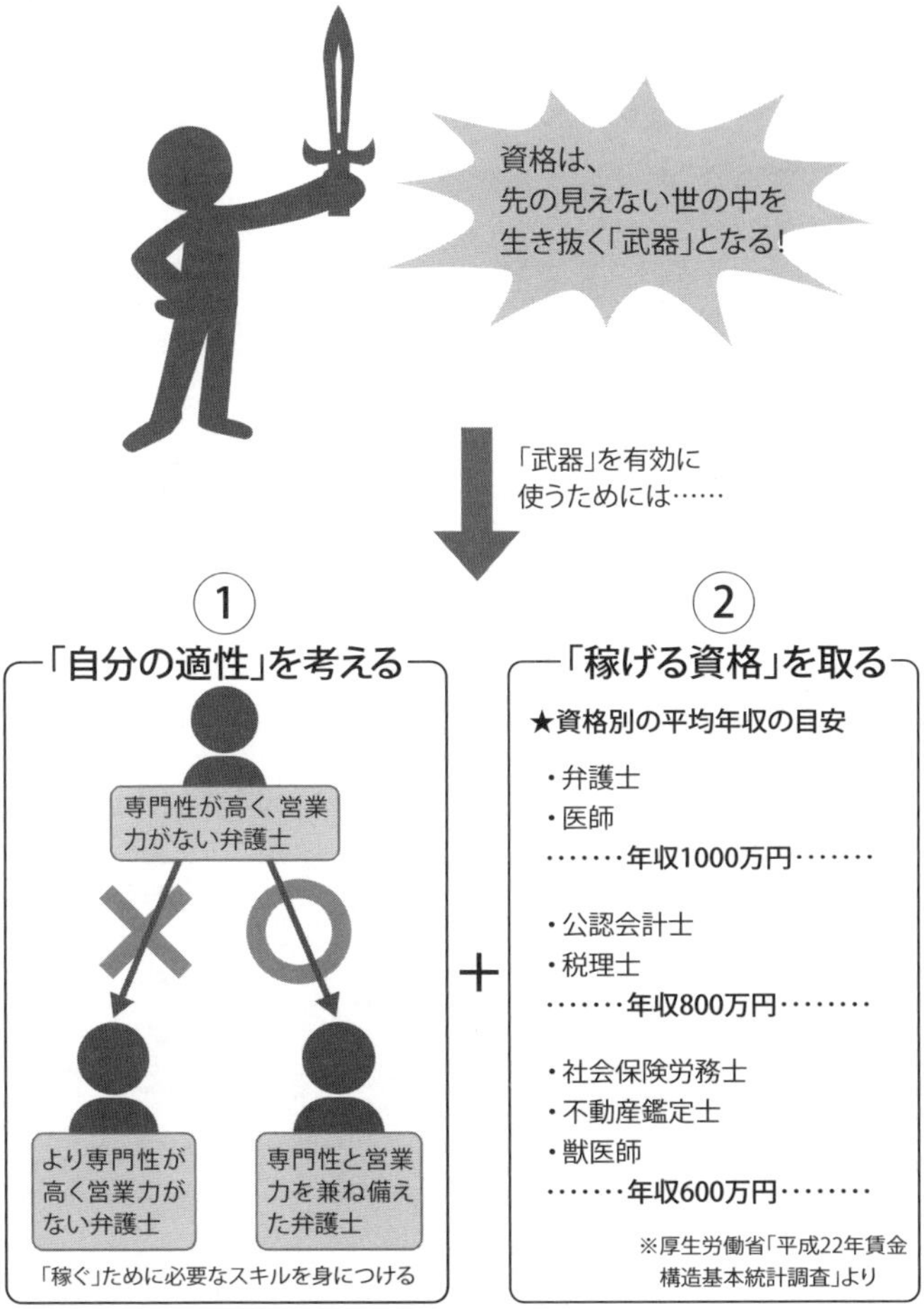

※厚生労働省「平成22年賃金構造基本統計調査」より

5 合格までにかかる日数を、できるだけざっくりとイメージする

どうせ目標通りにいかないのだから、はじめから目標は立てない

勉強法について書かれた本には、「明確に目標を定めなさい」という趣旨のことが書いてあります。たとえば、「3カ月で1分野を極めなさい」とか、「1日のタイムスケジュールを絶対に守りなさい」といったような感じです。

しかし私は、細かくきっちりと目標を定めるのは逆効果だと考えています。現実と目標とのズレが大きくなってしまったら心が折れてしまい、勉強のモチベーションが下がってしまうからです。

とくに難関資格ほど、目標通りにはいきません。**それなのに目標を立てるのは、時間の無駄であるばかりか、快適な勉強の妨げですらあります。**むしろ「目標を立てても、目標通りにいかない」ことを前提として試験勉強に向かうべきです。

「総勉強時間」と「1日あたりの勉強時間」を割り出す

しかし、行き当たりばったりの勉強でもうまくいきません。合格までのイメージ、つまり「合格までにどのような道のりを歩むことになるのか」をざっくりと思い描くことが大切になります。

まずは、「合格までにどれくらいの時間がかかるのか」をざっくりと計算します。しつこいようですが、あくまでもざっくりと計算することがポイントです。

合格までにかかる日数は、次の式で求めることができます。

合格までにかかる日数 ＝ 合格までの総勉強時間 ÷ 1日に使える勉強時間

「合格までの総勉強時間」とは、資格取得までに必要とされる平均的な総勉強時間のことです。主な資格の平均的な勉強時間は、次の通りだといわれています。

公認会計士：3600時間
税理士：2500時間
不動産鑑定士：1500時間
司法書士：1000時間
中小企業診断士：1000時間
日商簿記検定1級：800時間
社会保険労務士：700時間

この数字はあくまでも「平均的な」勉強時間なので、たとえば税理士を目指すのであれば、実際には2500時間よりも長い勉強時間が必要になると考えたほうが無難です。1・5倍して、3750時間集中して勉強すれば、「9割方受かる！」という自信を持って試験本番に臨めるはずです。

「1日あたりの勉強時間」は、とことん甘めに見積もる

「1日あたりの勉強時間」は、できる限り甘めに見積もりましょう。

勉強を始めた直後はモチベーションが高いので、「よし！　1日4時間は勉強の時間をとろう」などと意気込んでしまうのですが、現実は甘くありません。体調を崩すこともありますし、仕事をしていれば急な残業や休日出勤、飲み会などが入ることもあります。計画のだいたい8割ぐらいしか実行できないのが現実なのです。

ですから、1日の勉強時間は、頑張ってようやく確保できる時間ではなく、絶対に確保できる時間を設定します。30分でも、1時間でもかまうことはありません。設定よりも時間が確保できなければ「ああ、ダメだった」と意気消沈してしまいますが、もし設定よりも多くの時間がとれれば「計画よりもできた」という充実感が得られます。**この小さな「充足感」が、知識の吸収力をさらに向上させるのです。**

たとえば、税理士試験の「合格までの平均勉強時間」が3750時間、「1日に使

える勉強時間」が3時間だとすれば、

3750時間÷3時間＝1250日

です。つまり、週5日勉強すれば、遅くとも5年後には合格しているであろうという計算ができるわけです。

最初の段階で大まかな合格までのロードマップをつかんでおけば、無駄にあせることもありません。

ポイント

合格までにかかる日数は、ざっくりと、甘めに設定しておく

合格までにかかる日数をイメージする

合格までにかかる日数

＝ 合格までの総勉強時間 ÷ 1日に使える勉強時間

↓ 合格までの平均的な勉強時間を参考にして、1.5倍する

↓ 自分にとことん甘く、できるだけ少なく見積もる

・公認会計士	3600時間
・税理士	2500時間
・不動産鑑定士	1500時間
・司法書士	1000時間
・中小企業診断士	1000時間

×1.5

☆税理士試験を目指す場合

2500 × 1.5 ÷ 3 ＝ 1250日

2500 × 1.5	3	1250日
合格までの総勉強時間	1日に使える勉強時間	合格までにかかる日数

「週5日の勉強」では、1年を52週とすると「1年間で260日の勉強」なので、

1250 ÷ 260 ＝ 4.8（年）

となり、合格までに4.8年かかると計算できる

6

長期戦だからこそ、ひたすら「夢」を思い描く

くじけそうなときは、「理想の自分」をイメージしよう

36ページに挙げた「合格者の平均的な勉強時間」からわかるように、難関資格の試験勉強は何年にもわたる長期戦です。その間、重要なのは、「夢」を思い続けることです。**「こんな人生を送りたいなぁ」という素直なイメージが、勉強を続ける上でのいちばんのモチベーションになります。**

私は、税理士として活き活きと働いて、社会に貢献していながら、家事も一生懸命

している自分の姿を夢見ていました。勉強がつらくてくじけそうなときは、そのような「理想の自分」を思い描き、「自分は何のために勉強しているのか」を確認し、モチベーションをアップさせていたのです。

「夢」なんて大層なものでなくても、簡単なイメージでかまいません。**どんなにちっぽけなものでもいいのです。誰に笑われる筋合いもありません。**

「弁護士になってお金に困らない生活をしたい」
「公認会計士になって合コンでモテたい」
「英語力をつけて、将来は海外で暮らしたい」

どれも素晴らしい夢ではないですか。

「やりたくない仕事を辞めるために、税理士になって年収1000万円を目指す」
「いまはフリーターだけど、難関資格を取得して人生の一発逆転を狙う」

「ＴＯＥＩＣ８００点をとって同僚を見返す」

これらも素晴らしい。

誰もがみな、「いまよりも、さらに人生をステップアップさせたい」という欲求を持って勉強を頑張っています。「ビフォー」と「アフター」の差こそ人それぞれですが、**そもそも「自分のための勉強」なのですから、「人と比べて大きな目標を」なんて考えなくてもいいのです。**自分の欲求に素直に、好きなだけ夢をふくらませ、それを勉強の原動力にしましょう。

ポイント

理想の自分をイメージして、モチベーションを保つ

7 「資格取得までにかかるお金」を数字で把握する

数字にすると、「無駄にできない」という意識が働く

資格取得に多くの時間がかかるのは、ここまでお話ししてきた通りです。その「時間」を「お金」に換算すると、「資格取得までにどれだけのお金がかかるのか」が明確になります。すると、「これだけのお金を無駄にしてはいけない」という意識が芽生え、勉強により真剣に向き合えるようになります。

「かかるお金」は、次の式で表すことができます。

資格取得までにかかるお金
＝仕事の時給×合格までの平均勉強時間＋実費

まず、「単価」とは、現在の仕事の1時間あたりの給料のこと。あなたが、時給換算でどのくらい稼いでいるかを確認します。

その「単価」に「合格までの平均勉強時間」をかけ合わせたものが、「時間をお金に換算したもの」になります。

直接お金が財布から出ていくわけではありませんが、時間も「お金」だと認識する必要があるのです。

最後に、「時間的なコスト」に「実費」をプラスします。実費とは、資格試験を続ける上で発生する直接的なコストのこと。たとえば、テキスト代や専門学校の学費などが該当します。

意外と大きな金額になる！

たとえば、税理士の試験を受ける人が、時給換算で１５００円稼いでいるとしましょう。この場合のコストは、次のようになります。

１５００円×３７５０時間＋１００万円
＝５６２万５０００円＋１００万円
＝６６２万５０００円

専門学校に通うことになれば、実費として最低でも数十万円が上乗せされます。実際には、もっと単価が大きい人もいますし、平均時間よりも余計に日数を必要とするケースも少なくありません。計算してみるとわかりますが、意外と大きな金額になります。

「資格の平均年収」と「現在の自分の年収」を比較する

資格の勉強は、自己投資です。

「投資」であるからには、金融商品の投資と同じように、投資したコストよりも大きなリターンを得なければなりません。つまり、試験に必ず合格して、計算して弾き出したコストを上回るリターンを獲得することが大切です。

つまり、コストを計算するのと同時に、その資格の平均年収（リターン）と、現在の自分の年収を比較することも重要になってきます。資格を目指す理由は年収アップ以外にもあるかもしれませんが、基本的には、資格を取ることによって将来、年収がアップしなければ、「投資」としては失敗に終わってしまいます。

「損切り」の精神を持つ

資格の勉強に取り組む際には、撤退のルールを決めておくことも重要です。

繰り返しますが、資格の勉強も投資の一種です。**合格できないままズルズルと勉強を続けるのは、赤字をたれ流しているようなものです。**資格取得までの「コスト」と合格後の「リターン」を意識し、たとえば「5年で合格できなかったら、あきらめる」というような「損切り」の精神を持つことも、勉強には大切です。

ポイント

資格取得までの「コスト」と合格後の「リターン」を意識する

8

「逃げ道」を常に用意する

「ベスト」が無理なら「ベター」を目指す

撤退のルールを決めることで、自分なりの「あきらめライン」を持てたと思います。しかし、仮に「5年以内に合格する」という堅い誓いを立てたとして、そのプランを達成できずにあきらめてしまったら、そのあとには挫折感・絶望感しか残りません。

「撤退のルール」とともに、「万が一落ちてしまったときの、その知識の使い道」を決めておくと、あとが楽です。撤退を余儀なくされたときの「逃げ道」をつくっておくのです。

たとえば、司法試験から撤退したときには、司法書士を新たな標的とします。司法書士もダメだったときは行政書士を目指します。つまり、より現実的に合格する可能性が高い資格に鞍替えするのです。

ベストな結果を得ることはできないかもしれませんが、ベターな結果を得られる可能性があります。何も残らないよりは、はるかにいい選択です。

「退路」を断ってはいけない

資格試験は、仕事を続けながら挑戦するのが王道です。

たまに「真剣に資格試験の勉強に取り組むために、仕事を辞める」という人がいますが、私はおすすめできません。「退路を断ったことによって、勉強にも気持ちの張りが出る」というメリットより、「退路を断ってしまったことで、プレッシャーがかかって勉強に集中できなくなる」というデメリットのほうが大きいと思うからです。

資格試験の勉強は、自分にとことん甘くするべきです。もしも不合格でも、逃げ帰れる場所を確保しておくほうが大切です。

あえて退路を断たなくても、「こういう人生を送りたい」という夢が明確になっていれば、強い意志を持って、確実にゴールに近づくことができます。

ポイント

「逃げ道」を常に用意しておく

9 勉強のついでに「読書の習慣」をつけておく

資格試験は「国語力」の差がもろに出る

試験勉強をし出すと、つい勉強している以外の時間を「無駄だ」と感じてしまうものです。合格への熱意が強い人であればあるほど、その傾向にあります。

しかし、もしも本当に試験に合格したいのなら、「勉強の習慣」と同時に身につけておきたい習慣があります。**それが「読書」です。**

いきなり本を読むのはしんどいという人は、最初は新聞や雑誌でもかまいません。とにかく、活字に触れる習慣をつけたほうがいいでしょう。

外国語の試験を除けば、すべての勉強の土台となるのが「国語力」です。**誰もが日本語を読み書きできるので、国語力を軽視しがちですが、国語力の差はそのまま資格試験の合否の差につながります。**

「問題を読む」という行為自体、国語力があるかどうかで、スピードも内容の理解度も変わってきます。論文試験では、文章力、論理力が大きく点数に影響してきます。そもそも国語力がないと、テキストや参考書を読んだり、覚えたりするだけでもかなりの苦労をともないます。

難解な本を読む必要はまったくありません。気分がリフレッシュできるような楽しい小説でもいいので、とにかく本を読むことをおすすめします。

時間がない人のための「斜め読み」のコツ

それでも「時間がないから本を読めない」という人のために、本当に時間がなかった私が使っていた「斜め読み」のコツを伝授しましょう。正直言って小説を読む場合にはあまり役に立たない方法なのですが、新聞やビジネス書を読む場合にはなかなか

「国語力」を高めよう

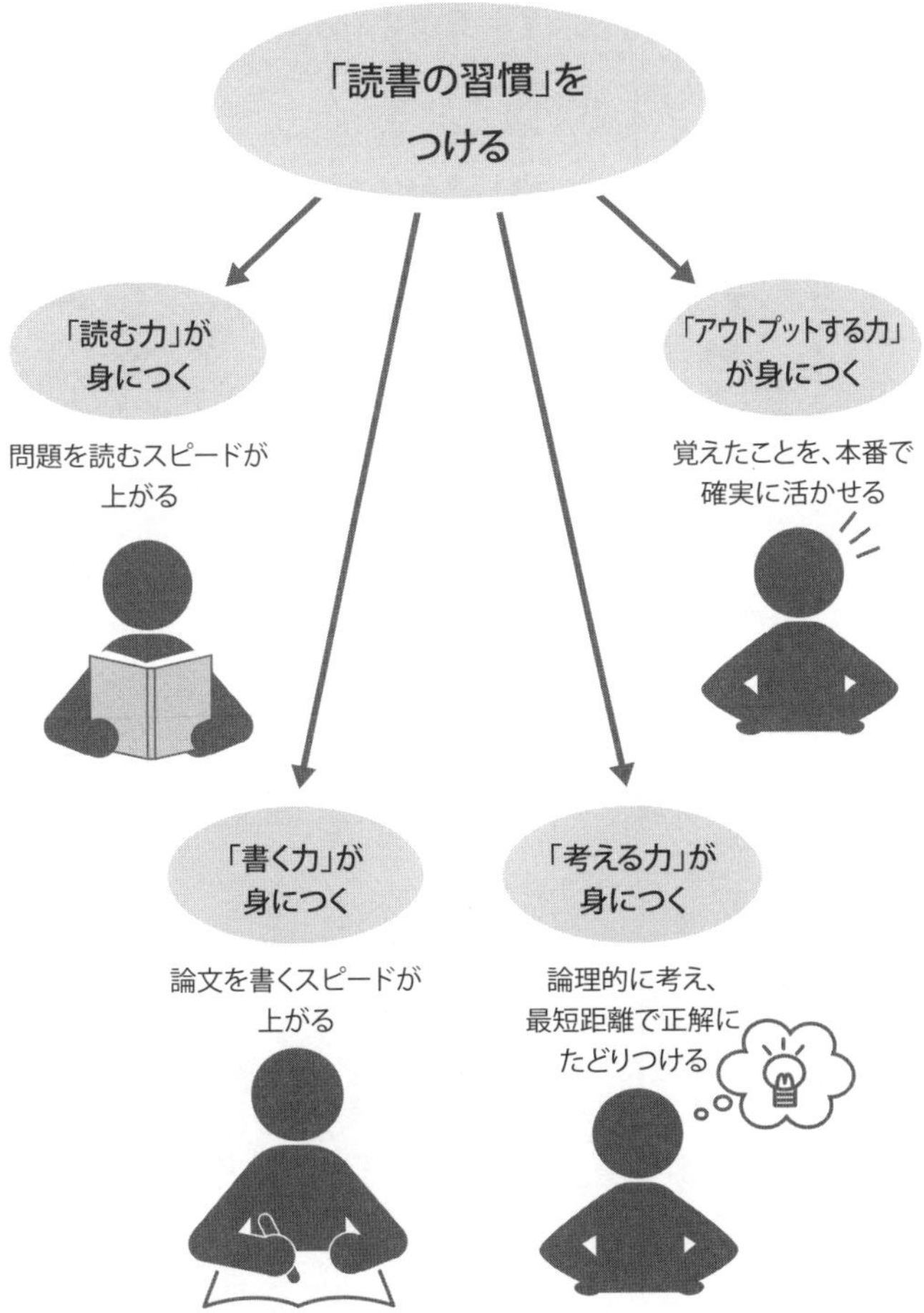
「読書の習慣」を
つける
「読む力」が
身につく
問題を読むスピードが
上がる
「アウトプットする力」
が身につく
覚えたことを、本番で
確実に活かせる
「書く力」が
身につく
論文を書くスピードが
上がる
「考える力」が
身につく
論理的に考え、
最短距離で正解に
たどりつける

重宝します。

そのコツとは、文章の中から「問題提起」「結論（定義）」「理由（根拠）」「事例」に当たる部分だけを探して拾い読みをしていくことです。慣れてくれば、200ページ弱のビジネス書を30分ほどで読むことができます。

本を読んだら、次の日にその本を家族や友だちにすすめましょう。そのとき、本の中で最もよかった部分や特徴を「一言で表す」ことを心掛けます。

「点数をとれる人」とは、覚えたことを上手にアウトプットできる人のことです。読んだ本を人にすすめることで、知識が増えるだけでなく、アウトプットの能力がつくので一石二鳥です。

ポイント

国語力の有無は、そのまま合否に直結する

第2章

絶対に集中力が途切れない「勉強環境」のつくり方

1

資格を取るのなら、専門学校に通うのがいちばんの近道

「4つのメリット」が大きな魅力

資格取得への勉強の仕方としては、「専門学校に通う」「通信教育を受ける」「独学」など、いろいろな方法があります。

私は決して専門学校の回し者ではありませんが、**できるだけ短い時間で確実に資格を取得したいなら、資格の専門学校に通うことを断然おすすめします。**費用はそれなりに必要となりますが、それでも専門学校に通うべきだと思います。

専門学校に通う主なメリットは、次の4つです。

①効率的なスケジュールを組んでもらえる
②合格に直結する情報が手に入りやすい
③「ライブ」で教えてもらえることで、知識を吸収しやすくなる
④半強制的に勉強時間を確保できる

それぞれについて、詳しく見ていきましょう。

①効率的なスケジュールを組んでもらえる

専門学校は、いわば「資格試験のプロ」です。**その道のプロが、合格への最短距離となる勉強プランや年間スケジュールを組んでくれるわけですから、それに乗らない手はありません。**素人があれこれ自分で考える勉強の進め方よりもはるかに効率的ですし、「スケジュール管理」という余計なことに頭を煩《わずら》わせなくてすむぶん、勉強にも集中しやすくなります。

②合格に直結する情報が手に入りやすい

専門学校に通っていると、試験の合格に直結する情報がすぐに手に入ります。たとえば、法律の改正情報や、出題されそうな問題の傾向といったものがこれに当たります。

また、学校に通うと仲間ができます。その中には、前回の試験で失敗した「浪人中」の仲間もいると思います。その「失敗談」は、どんどん聞き出しましょう。**意外に思うかもしれませんが「こんなやり方をしたら失敗した」という失敗談は、かなり役に立ちます。**自分が間違った方向に進まないための道標《みちしるべ》になります。

③「ライブ」で教えてもらえることで、知識を吸収しやすくなる

ライブの授業で面と向かって教えてもらうと、頭にスッと知識が入り、記憶が定着しやすくなります。

通信教育でも、ＤＶＤやウェブを使って、本当に教室にいるかのような指導を受けることができますが、やはり「生」で授業を受けるのと「映像」を通して授業を受けるのとでは、その感動の大きさが違います。感動が大きいほど、記憶は定着します。

また、通信教育では映像を何度も繰り返し見られるため、「聞き逃したり寝てしまったりしても、巻き戻せばいいや」などと考えてしまい、集中力が散漫になりがちです。

④半強制的に勉強時間を確保できる

学校に通うことで、どんなに意志の弱い人でも、半ば強制的に勉強時間を確保できます。平日の夜のコースに通えば、仕事を早く終わらせて、学校に行けるように努力するでしょうし、週末の授業をとれば、休みの日もダラダラせずに、集中して勉強することができます。

「経営者」の感覚で先行投資する

なかには、「お金がもったいないから、独学で頑張る」という人もいるかもしれません。「借金してまで専門学校に入りなさい」とは言えませんが、非効率であることは覚悟しておいたほうがいいでしょう。

本書の中でも何度か「資格の勉強は自己投資だ」と述べてきました。難関資格の場合は、独立して事務所を立ち上げるケースが多くなります。**つまり、経営者の感覚が必要になるのです。**

たとえば、その資格に合格したらどのくらい年収がアップするのかを予想します。「投資」と「リターン」の関係を意識するのです。

先行投資をして、あとでより大きな利益をとる。ビジネスを大きくしたいのであれば、「投資」のセンスが必要になります。「お金がもったいないから、独学で頑張る」という発想では、たとえ資格試験に合格することができたとしても、その後事務所を運営していけるかどうかが心配です。

ポイント

先行投資を惜しまず、専門学校を活用しよう

先行投資で大きなリターンを得る

専門学校に通う「4つのメリット」

①効率的なスケジュールを組んでもらえる

②合格に直結する情報が手に入りやすい

③「ライブ」で教えてもらえることで、知識を吸収しやすくなる

④半強制的に勉強時間を確保できる

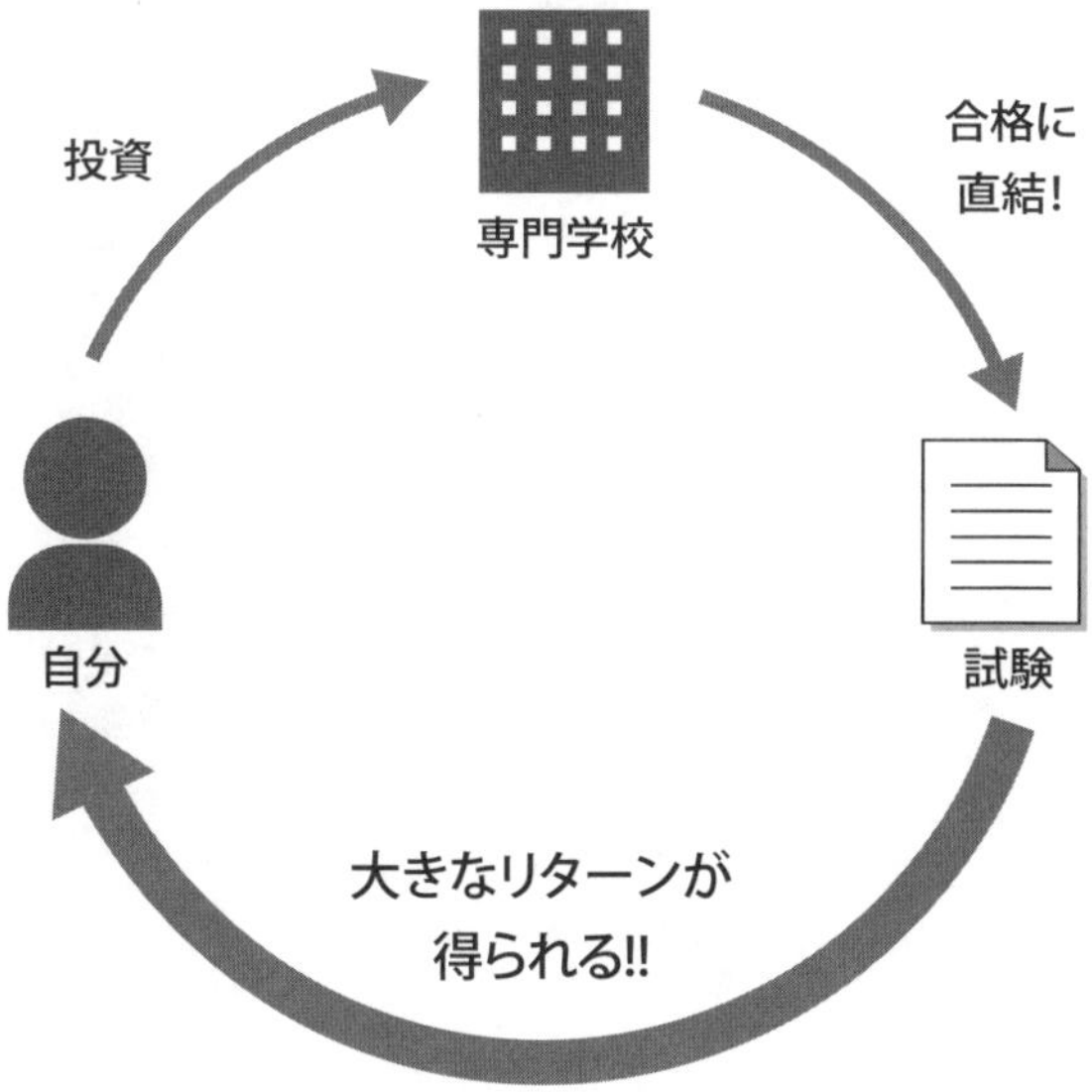

2 30分の勉強時間で、「20分ぶんの勉強量」を確実に消化する

勉強時間に余裕を持たせる

勉強時間は「30分単位」で考えましょう。とくに根拠はありませんが、私の経験上、15分単位では短すぎますし、45分単位では計算が面倒です。そうかといって1時間単位では長すぎます。そんなわけで、私は「30分単位」をおすすめします。

大切なのは、「30分の勉強時間内に、目いっぱいの勉強量を詰め込まない」ことです。 ここでも自分に甘く見積もり、余裕を持たせるようにしましょう。「30分で、20分ぶんの勉強量を確実に終わらせていく」くらいの感覚だと、無理なく勉強を続ける

ことができます。

「こま切れ時間専用の勉強」も用意する

30分あると、ちょっと難しい問題にもじっくりと取り組めます。また、たとえ勉強の開始が10分遅れたとしても、残り時間が20分あればそれなりに対応は可能です。1日の勉強のプランを考えるときは、30分単位で勉強時間を積み重ねていきます。

ただ、駅のホームで電車を待つ時間などの「こま切れ時間」を無駄にするのはもったいないので、「単語をひとつだけ覚える」「すでに理解している項目を再確認する」など、5分もあればできる、「こま切れ時間専用の勉強」を用意しておきましょう。

ポイント

少しずつの勉強量を、確実に終わらせていく

3 朝には朝の、夜には夜の勉強法がある

「朝」を活用して勉強時間を稼ぐ

ここからは「どうやって、30分単位の勉強時間を確保していくか」というお話に移ります。**これはとくに、日中働いていたり、子育ての中で自分の時間が自由にならない人にとって、切実な問題です。**

いちばん時間をつくりやすいのが「朝」です。月並みだと思うかもしれませんが、やはり朝には多くの魅力があります。

まず、単純に「一日の始まりだ！」というだけで、人間は自然と高揚感に包まれま

す。俗にいう「朝のパワー」です。精神的に大きな味方になります。睡眠をとって脳がリフレッシュした直後のため、脳の処理能力が速くなるのも「朝勉強」の効果が高くなる要因です。

また、朝の「締め切り効果」も魅力です。多くの人は、朝の勉強のあとに出勤や通学、家事などが控えているため、必然的に勉強できる時間が決められています。つまり、「8時までに、ここまで終わらせよう」という締め切り効果が働き、集中して勉強に取り組めるのです。

「静か」というのも、わかりやすい魅力です。近くの公園で若者がたむろしていることも、暴走族が走ることもありません。家族と一緒に暮らしている人は、ほかの家族が起きてくる前の時間帯に勉強すれば、話しかけられることなく、勉強に集中できます。

このように「集中できる要素」だらけの朝は、難しい問題や計算問題など、思い切り頭を使う勉強にあてるのが効果的です。

「夜」は暗記と復習にあてる

「朝をそんなにほめるということは、夜は勉強に向かないのか」というと、案外そうでもありません。

夜の勉強は、歯みがきでもして「あとは寝るだけ」の状態にしてから行うのがポイントです。すると、「勉強が終わったら、そのまま睡眠」という流れになります。**何を当たり前のことを言っているんだと思うかもしれませんが、この「睡眠」が重要です。**

睡眠には、頭の中を整理する効果があります。「整理」とは、具体的には「必要のない情報を忘れ、必要な情報同士を結びつける」という働きです。

こんな素敵な効果を使わない手はありません。夜の勉強は「暗記」と「復習」に重点を置き、30分~1時間程度勉強したらぐっすり寝て、頭が整理された状態で翌朝の勉強に臨みましょう。

ただ、「夜に勉強することを事前にスケジュールに組み込むのは、私はおすすめしません」ということをつけ加えておきます。

仕事をしていれば、急な残業や飲み会が入ることもあるでしょう。目の前の仕事を頑張ったり、同僚や友人とのコミュニケーションを図ったりするのも、とても大事なことだと私は思います。そのせいで勉強の予定がズレて、妙な罪悪感にさいなまれるのは、とてももったいないことです。ならば、はじめから「夜の勉強」をあてにしないのが正解です。

ポイント

「朝」は難問や計算問題を解き、「夜」は暗記や復習をする

4 家の中に「勉強専門」の空間をつくり上げる

「知識の整理」には「空間の整理」が必要

「時間」をつくり上げたら、今度は「空間」のデザインです。

空間が整理されていると頭も整理できますし、空間が雑然としていれば頭の中も雑然としてしまいます。職場を見渡してみてください。仕事ができる人の机がいつもきれいで、仕事ができない人の机はいつも汚いでしょう。そんなものです。

そこで「知識を整理された状態で頭に入れる」ためには、「勉強する空間の整理が

必要になります。

「勉強に関係するもの」以外、目に入らないようにする

「パソコンを立ち上げたら、ネットサーフィンに夢中になってしまった」
「いつまでもテレビをダラダラと見続けてしまった」
「雑誌を読みはじめたら、やめられなくなってしまった」

誰にでも、このような経験はあると思います。何を隠そう、私も「自分に甘い人」の代表のようなもので、勉強を始めてすぐには、ブログに夢中になり、気がついたら深夜になっていた、ということすらあります。

気が散る原因は、「勉強しよう！」と思い立ったあとで、「勉強よりも楽しそうなもの」が目に入ってしまうことです。だったら解決策は簡単で、勉強するときには、勉強に関係するもの以外が目に入らなくなればいいわけです。

具体的に、一つひとつ解決していくことにしましょう。

①机の上に余計なものを置かない

基本中の基本です。

机の上には、資格のテキストや問題集、筆記用具、飲み物など、勉強をするのに必要最低限のものしか置かないようにします。

パソコンは別の机に移しましょう。「デスクトップ型のパソコンなので、ほいほい動かせない」という場合は、新しく「勉強用の机」を買うことも考えたほうがいいと思います。多少お金はかかりますが、絶対にそれ以上の効果を得ることができます。

携帯電話は電源を切って、すぐに手の届かない場所へ隠してしまいましょう。「とりにいくのが面倒くさい」と思えるくらい面倒くさい場所に隠すのがポイントです。

②「勉強する空間」と「くつろぐ空間」を分ける

家族と暮らしている人の中には、リビングやキッチンなど、ふだん家族と一緒に過ごす場所を勉強場所にしている人もいるかもしれません。しかし、家族と一緒に過ごす場所というのは、テレビがあったり雑誌があったり気軽に音楽を聞けたりと、いろいろな誘惑が多い場所でもあります。家族の出入りによって気が散ってしまうかもし

「勉強専門」の空間をつくる

机の上に
余計なものを
置かない
「勉強する空間」と
「くつろぐ空間」を
分ける
部屋がひとつの場合は、
体の向きを変える

れません。できれば、自分ひとりで集中できるスペースを見つけるようにしましょう。

一人暮らしで、必然的に「くつろぐ部屋」と「勉強する部屋」が同じになってしまう場合は、「くつろぐとき」と「勉強するとき」で体の向きを変えるだけでも効果があります。「テレビに背を向けて、雑誌や本が目に入らない方向を向く」だけでも、集中力がだいぶ違います。

ポイント

「勉強専用」の空間をつくり、すっきりした頭に知識を入れる

5 自宅で集中できないときは、図書館よりもファミレスへ行こう

適度に雑音があり、誘惑も少ない

どうしても自宅で集中できないときは、勉強道具を持って家を出ましょう。

私が個人的におすすめする勉強場所は、ファミリーレストラン（ファミレス）です。ザワザワとした適度な雑音が、ちょうどよいＢＧＭ代わりになって、かえって勉強がはかどります。

また、意外と誘惑が少ないのもファミレスの利点です。ひとりで行けば、基本的に「食べる」「飲む」以外にすることがないため、いやでも勉強に集中できます。

もちろん、誘惑が少ないのは図書館も一緒です。ですが、図書館は静かすぎて、私は逆に集中できませんでした。私の勉強法は、条文をぶつぶつ音読して暗記したり、電卓をかちゃかちゃ叩いたり……といったものが多かったので、図書館ではとても気を使ってしまったのです（「音読で暗記する」勉強法については、139ページで詳しく説明します）。

専門学校に通っている人は、学校の自習室で勉強するのも効果的です。同じ資格試験を目指す同志が集まっているので、「自分も負けずに頑張ろう」とプラスの刺激を受けられます。

ポイント

誘惑が少なく、多少の声や音を出せるファミレスがおすすめ

6 それでも集中力が切れたときの対処法

集中力を復活させる方法は「ない」と割り切る

基本的に、人間は楽をしたい生き物なので、「つらい勉強から逃れたい」というのが自然な感情の流れです。ここまでは、勉強中に集中力を絶対に切らさないための「仕組みづくり」を紹介してきましたが、それでも集中力が途切れてしまうときがあるのが人間というものです。

私は、一度切れた集中力を、その場で即座に復活させる方法は「ない」と考えています。テレビやパソコン、携帯電話を視界に入れないようにして勉強を始めても、実際には「気持ちの問題」があります。「急に問題を解く気がしなくなってしまったなぁ」「お腹すいたなぁ」「眠いなぁ」と感じたら最後、もうそのまま勉強しても、もう能率は上がらないと私は考えているのです。**そんな気持ちで勉強を続けるくらいなら、その時間で実際にご飯を食べたり寝たりしてしまうほうがマシです。**

意図的にやる気を出す「3つの方法」

私は、集中力が切れてしまった場合、いったん勉強を止めて、十数分ほど自分の過ごしたいように過ごしてから、意図的にやる気を出して再び勉強していました。ここではその「意図的にやる気を出す方法」を紹介します。

①妄想する

なんとなくやる気が出ないときには、第1章で述べた「将来、こんな人生を送りたい」という妄想が有効です。「なぜ勉強を始めたのか」という原点に立ち返れば、頑張ろうという気力がむくむくと湧いてきます。

そういう意味でも、資格の勉強を始める前に、明確な「妄想」を心に描くことは重要です。

②勉強仲間を増やす

勉強仲間ができればやる気も出ます。私の場合は専門学校に通っていたので、自然と同じ資格を目指す仲間ができました。彼らとの情報交換を通じて、「私も負けていられない」というモチベーションを高められたのです。

専門学校以外でも、フェイスブックやミクシィなどのSNS（ソーシャルネットワーキングサービス）やブログ、ツイッターなどで仲間を増やすことができます。資格試験の情報交換などの交流も盛んです。

③「やる気のスイッチ」をつくる

やる気が出ないときは、自分のモチベーションを高めるアイテムをいくつか持っておくのも効果的です。

私の場合は、サプリメントを飲む行為が、やる気のスイッチを入れるアイテムでした。脳の回転を速めるといわれる「DHA（ドコサヘキサエン酸）」の入ったサプリメントを飲むと、「よし、今日もやれる！」という力が自然と湧いてきました。実際の効果は別にして、思い込むことが大事です。

また、好きなスポーツ選手の映像を見るのも有効でした。高橋尚子さんや浅田真央さんなど、自分の好きな選手が頑張っている姿を見ると、自分も元気になれます。

私の息子は、勉強をする前に必ず絢香さんの「三日月」を聴いています。息子いわく、「曲を聴いただけでやる気が湧いてくる」そうです。

やる気を高めるスイッチは人それぞれ。自分のお気に入りのアイテムを見つけられると、モチベーションの低下を防ぐことができます。

ポイント

いったん休んでリセットし、意図的にやる気を出して再び勉強する

集中力が切れたときの対処法

基本的に、
一度切れた集中力を
即座に復活させる方法は
「ない」と考えているが……
意図的にやる気を出す方法は**「ある」**！

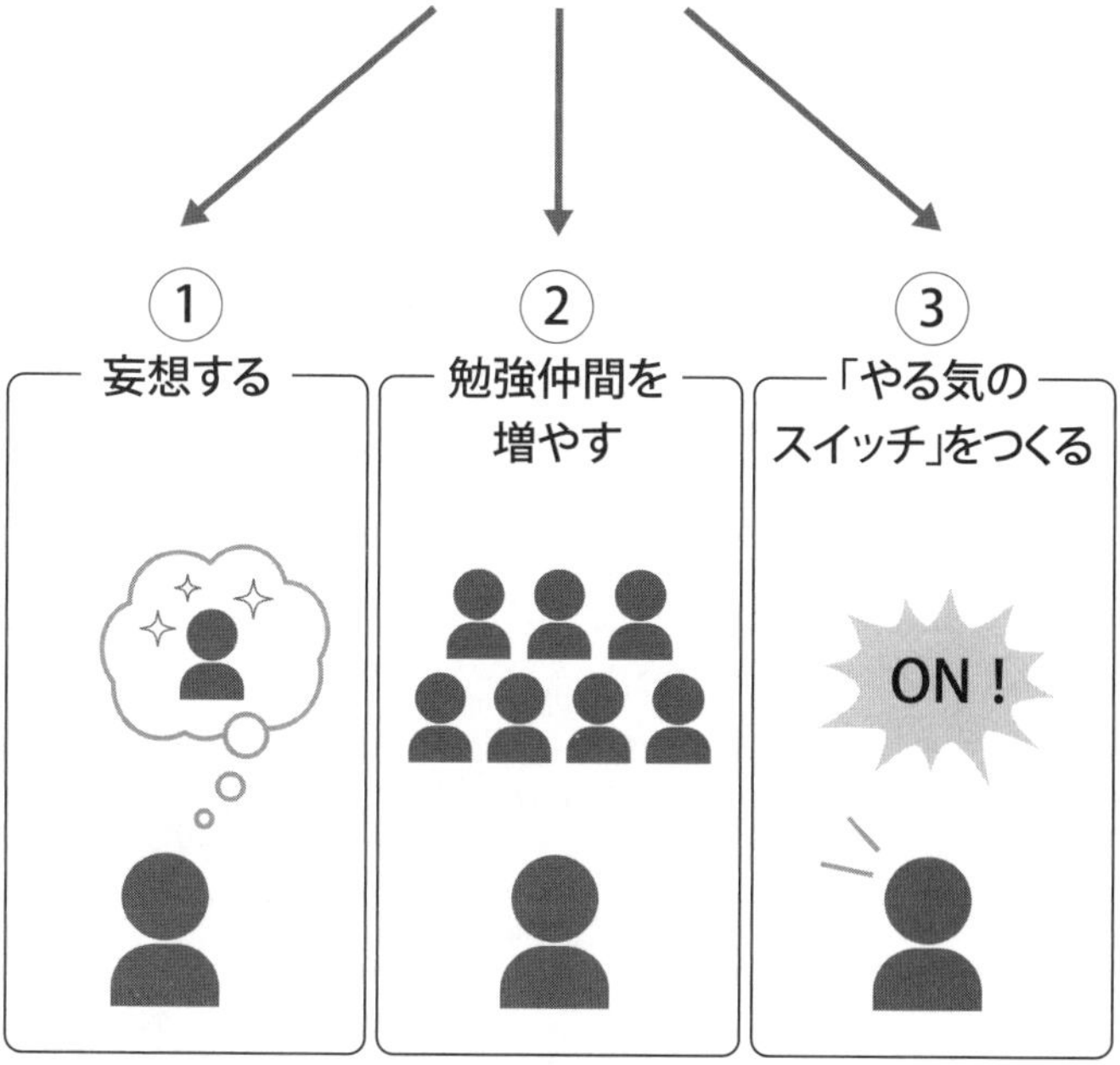
① 妄想する
② 勉強仲間を増やす
③「やる気のスイッチ」をつくる
ON！

第3章

本当に時間がなかったからこそ編み出せた「超合理的」な勉強法

1 得意分野から手をつける

小さな成果を積み重ねる

合理的に勉強を進める方法、その基本中の基本は、「自分の得意分野から手をつける」ことです。

いきなり苦手分野に手を出して、まったく問題が解けないのでは、これからの勉強に自信を持てというほうが無理な話です。もう試験自体を投げ出したくなってしまうでしょう。

しかし、得意分野や少しでも興味のある分野から勉強を始めれば、解ける問題が多

得意分野から手をつける

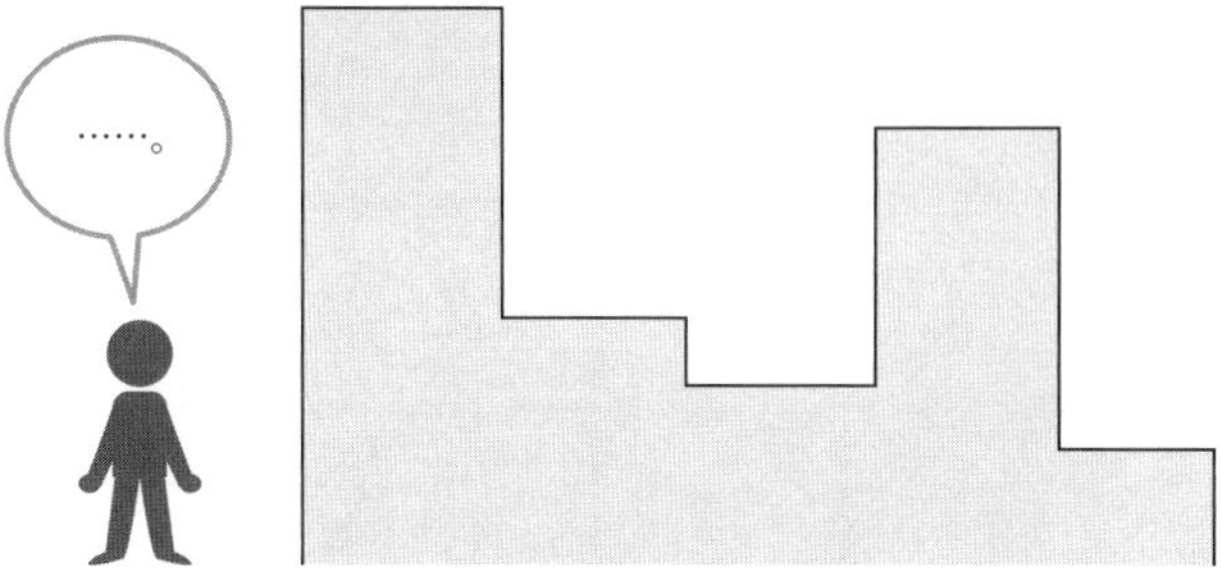

「はじめの一歩」のハードルが高いと、その次のハードルが低くても、前に進むことができない

「はじめの一歩」のハードルを低くして、手をつけやすい問題から解いていくことで、順調に勉強が進む

く、やればできるという自信がつきます。

私は計算問題が得意だったので、最初のうちは、計算問題に集中的に取り組みました。どんどん成果が出るので、勉強が楽しくなり、リズムが生まれます。**最初のころに勉強のリズムをつかんでおくと、勉強を続けることが苦ではなくなります。**

勉強を楽しむコツは、小さな達成感を積み重ねることです。自分を甘やかすくらいに「好きな問題」ばかりを解いていけば、勉強は自然と長続きします。

ポイント

はじめは「解きやすい問題」ばかりを解いていく

2 苦手分野は早々と切り捨てる

思い切って捨てる技術

23ページでも述べましたが、狙っている資格が6割の正答率を求めているのであれば、6割の合格ラインをクリアするような勉強をすれば十分です。

合格ラインが「6～7割」という資格試験だったら、苦手な分野はある程度切り捨ててしまっても、問題はありません。

たとえば、税理士試験の科目には、大きく分けて「計算問題」と「理論問題」があります。私は、計算問題は得意だったのですが、暗記が必要な理論問題が大の苦手でした。

ですから、「得意な計算問題で絶対に8割の点数をとる。その代わり理論問題は最高で6割とれればＯＫ」という作戦を立てました。つまり、「計算と理論、合計で7割」を目指し、結果的に6割の合格ラインをクリアできるように力を配分したのです。

勉強時間も計算問題に多くの時間を割き、理論問題は試験3カ月前にようやく暗記にとりかかりました。

苦手なものを克服するのは大変なパワーが必要です。苦手な科目をずっと勉強すると集中力が続かないので、一夜漬けの感覚で一気に知識をインプットしていきました。

もちろん、論文試験は、ほかの人と比べたら高得点ではなかったと思いますが、計算問題で点数を確実に稼いだので、一発で合格することができたわけです。

苦手分野を克服しようとして勉強が進まないくらいであれば、得意分野で点数を稼いで、確実に高得点を出しましょう。

歯が立たない分野は潔くあきらめる

未知の分野の勉強を進める以上、「まったく歯が立たない」という分野も現実には存在します。そんなときは、その分野に固執しすぎずに、潔くあきらめる判断も大切です。そのぶん、ほかの分野を勉強して、得点アップを図ればいいのです。

実は、私にも受験当時、まったく歯が立たない分野がありました。とくに「みなし配当」の分野は大の苦手で、いくら勉強しても頭に入ってこなかったので、結局あきらめることにしました。「みなし配当」は本試験には出ない、と勝手に信じることにしたのです。

しかし、試験に受かって、税理士として仕事を始めてからは、「みなし配当」が得意分野になりました。顧客の抱える問題を解決するためには、「みなし配当がわからない」などと弱音を吐くことは許されません。顧客の要望に必死に応えていくうちに、自然と得意になっていったのです。

先ほど述べたように、試験とビジネスでは、求められる知識の質が異なります。試験は6割のデキでもかまいませんが、ビジネスは10割のデキでなければ、顧客を裏切ることになります。だから、私は税理士になったあとに、「みなし配当」を一から学び直して、徐々に得意分野としていったのです。

歯が立たない分野は、試験に受かってから克服しても遅くはありません。どうしても理解できない分野は、試験の段階では思い切って、あきらめてしまってもかまわないのです。

ポイント

苦手分野・歯が立たない分野は潔くあきらめる

苦手分野は早々と切り捨てる

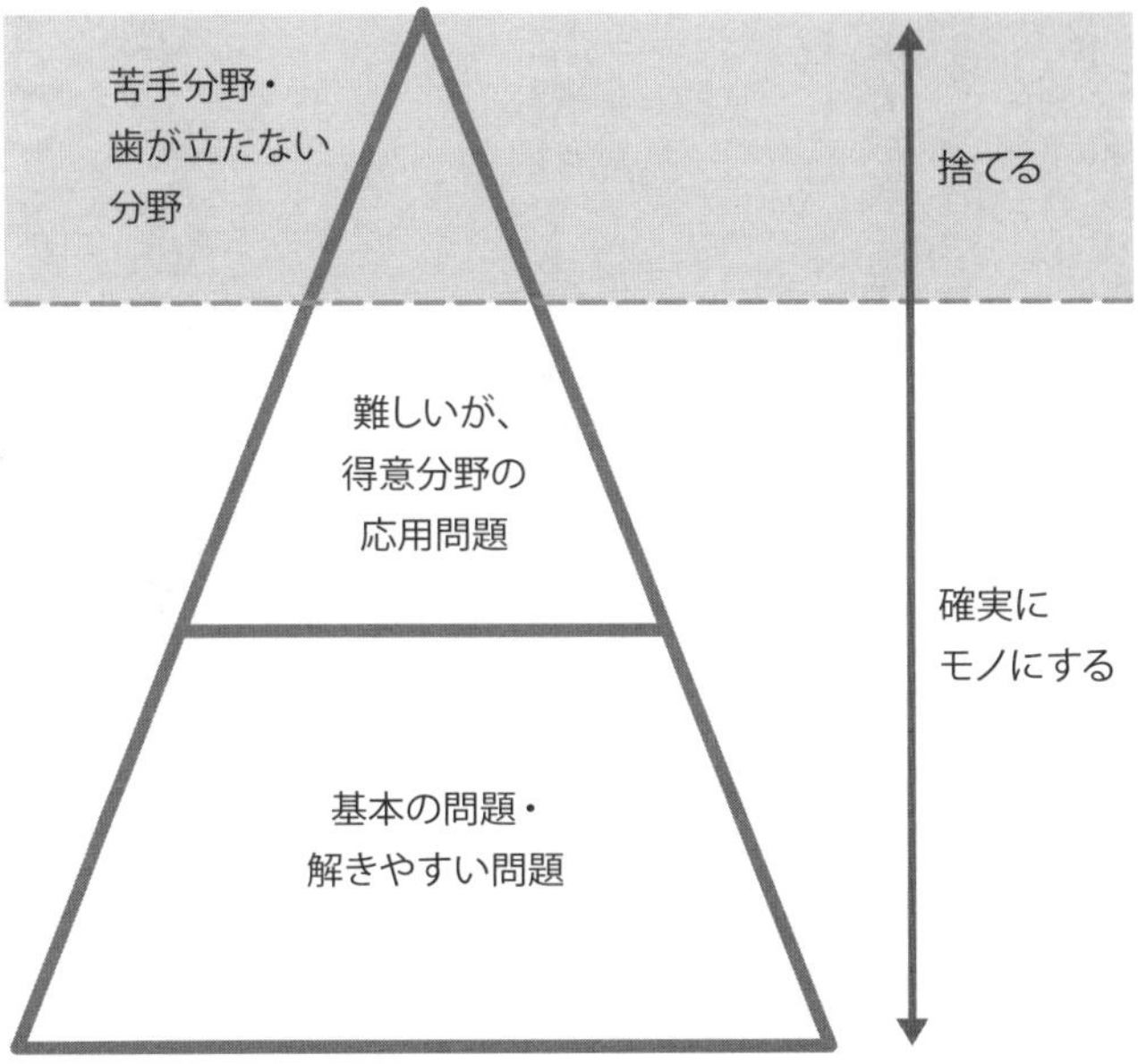

苦手分野はあきらめ、
「得意分野の応用」と「基本」を
確実にモノにすることに
力を注ぐ

3 マニアックな分野も遠慮なく切り捨てる

勉強に慣れてきたころに陥る「落とし穴」

試験科目には、必ずといっていいほどマニアックな分野があります。
マニアックというのは、「専門性の高い、深堀りした知識」と言い換えてもいいでしょう。**勉強が順調に進み、知識も増えてきたころほど、マニアックな分野に突っ込みすぎてしまう傾向があります。**

私が経験した税理士試験には、「財務諸表論」という分野があります。学者の間で理論が異なるため、出題者によって正解が変わるケースがあります。もしも、次の試験はAさんが出題者だとわかっていれば、Aさんの理論を素直に覚えておけば、正解に近づけます。

ところが、なかには、Aさんの理論だけでなく、Bさんの理論も覚えておかなければ気がすまない人もいるのです。極端な人だと、「Aさんの理論ではなく、Bさんの理論のほうが正しい」などと、自分なりの評価を下してしまう人もいます。

試験に受かるための勉強なのですから、覚えなくていい知識を深めていくのは時間の無駄です。知識を深掘りするのは、合格して仕事を始めてからでも遅くありません。

ポイント

知識が増えても、調子に乗って深入りしすぎない

4 ノートはとらない

大事なことはテキストに書いてある

私は勉強を進める中で、ノートを一切とりませんでした。直接のきっかけは、単に「面倒くさかった」からです。決してほめられたきっかけではないと思いますが、「ノートをとらない」という勉強法自体は、私にとって、とてもしっくりくるものでした。

大事なことのほとんどはテキストに書いてあります。「書いていない部分」をテキストに書き込んでいく、というイメージで勉強を進めていくと、「最強のテキスト」

ができ上がります。このテキストを徹底的に活用しましょう。

専門学校での授業風景を見ると、多くの人が、先生が板書した内容を書き写すことに一生懸命になっています。確かに先生が板書するのは、そこが重要なポイントである証拠ですが、すでにテキストに書いてあることがほとんどです。そこをマーカーで塗りながら、先生の話を書き加えていけば大丈夫です。

たまに、テキストに直接書き込みをするのをためらう人がいますが、自分でお金を払って買った「自分のもの」なのだから、ためらうことはありません。どんどん重要な部分にマーカーを引いたり、書き込みをしたりしましょう。試験に臨むころには、グチャグチャ、ヨレヨレ、ボロボロになるくらい使い倒すのです。

絶対にマークしたい3つのポイント

私がマーカーを引いていたポイントは、次の3つです。

- **板書された部分**
- **先生が「大事だ」と言った部分**
- **自分が「大事だ」と感じた部分**

これに加えて、テキストには書いていないけれど、大事だと感じた話や板書は、テキストの余白部分に直接メモをとっていきます。

96～97ページに、私が実際に「ノート代わり」として書き込んでいたテキストの写真を掲載しました。参考にしていただけたらうれしいです。

「作業」と「勉強」は違う

ノートをとらないことで、先生の説明に集中することができます。

ノートをきれいにとろうとすると、その作業に気をとられてしまって、「脳の中に知識をインプットする」という最も大切な部分が疎かになってしまいます。**授業の内容を理解し、記憶できないのであれば、授業に出席する意味がありません。**

当然のことですが、授業を受ける目的は、完璧なノートをつくることではなく、授業の内容を頭にインプットすることです。きれいなノートをつくると、目的が達成したような錯覚に陥り、安心してしまいます。ノートをとる「作業」と「勉強」とを混同してはいけません。

ポイント

ノートはとらず、テキストに直接書き込む

テキストをノート代わりにする①

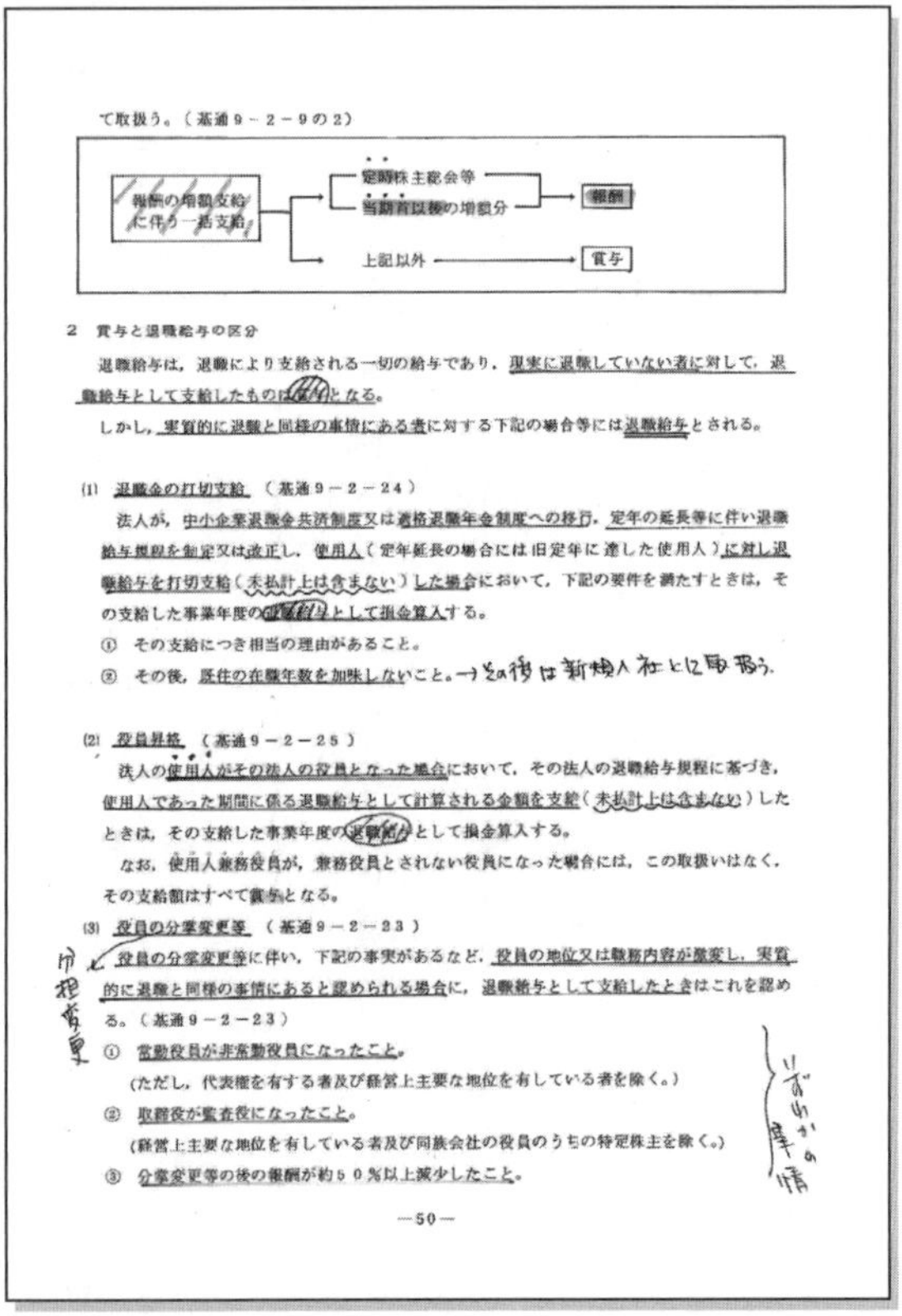
て取扱う。（基通９－２－９の２）

２　賞与と退職給与の区分

退職給与は，退職により支給される一切の給与であり，現実に退職していない者に対して，退職給与として支給したものは賞与となる。

しかし，実質的に退職と同様の事情にある者に対する下記の場合等には退職給与とされる。

(1)　退職金の打切支給　（基通９－２－２４）

法人が，中小企業退職金共済制度又は適格退職年金制度への移行，定年の延長等に伴い退職給与規程を制定又は改正し，使用人（定年延長の場合には旧定年に達した使用人）に対し退職給与を打切支給（未払計上は含まない）した場合において，下記の要件を満たすときは，その支給した事業年度の退職給与として損金算入する。

①　その支給につき相当の理由があること。

②　その後，既往の在職年数を加味しないこと。→その後は新規入社として取扱う。

(2)　役員昇格　（基通９－２－２５）

法人の使用人がその法人の役員となった場合において，その法人の退職給与規程に基づき，使用人であった期間に係る退職給与として計算される金額を支給（未払計上は含まない）したときは，その支給した事業年度の退職給与として損金算入する。

なお，使用人兼務役員が，兼務役員とされない役員になった場合には，この取扱いはなく，その支給額はすべて賞与となる。

(3)　役員の分掌変更等　（基通９－２－２３）

役員の分掌変更等に伴い，下記の事実があるなど，役員の地位又は職務内容が激変し，実質的に退職と同様の事情にあると認められる場合に，退職給与として支給したときはこれを認める。（基通９－２－２３）

①　常勤役員が非常勤役員になったこと。

（ただし，代表権を有する者及び経営上主要な地位を有している者を除く。）

②　取締役が監査役になったこと。

（経営上主要な地位を有している者及び同族会社の役員のうちの特定株主を除く。）

③　分掌変更等の後の報酬が約５０％以上減少したこと。

いずれかの事情

―50―

著者が実際に使用していたテキスト。マーカーとアンダーラインでわかりやすく整理され、テキストに書かれていない重要事項が余白に書き込まれている

第1章 「勉強の進め方」を整理する
第2章 「勉強環境」のつくり方
第3章 「超合理的」な勉強法
第4章 「受かる人」の考え方
第5章 「メンタル」の鍛え方

テキストをノート代わりにする②

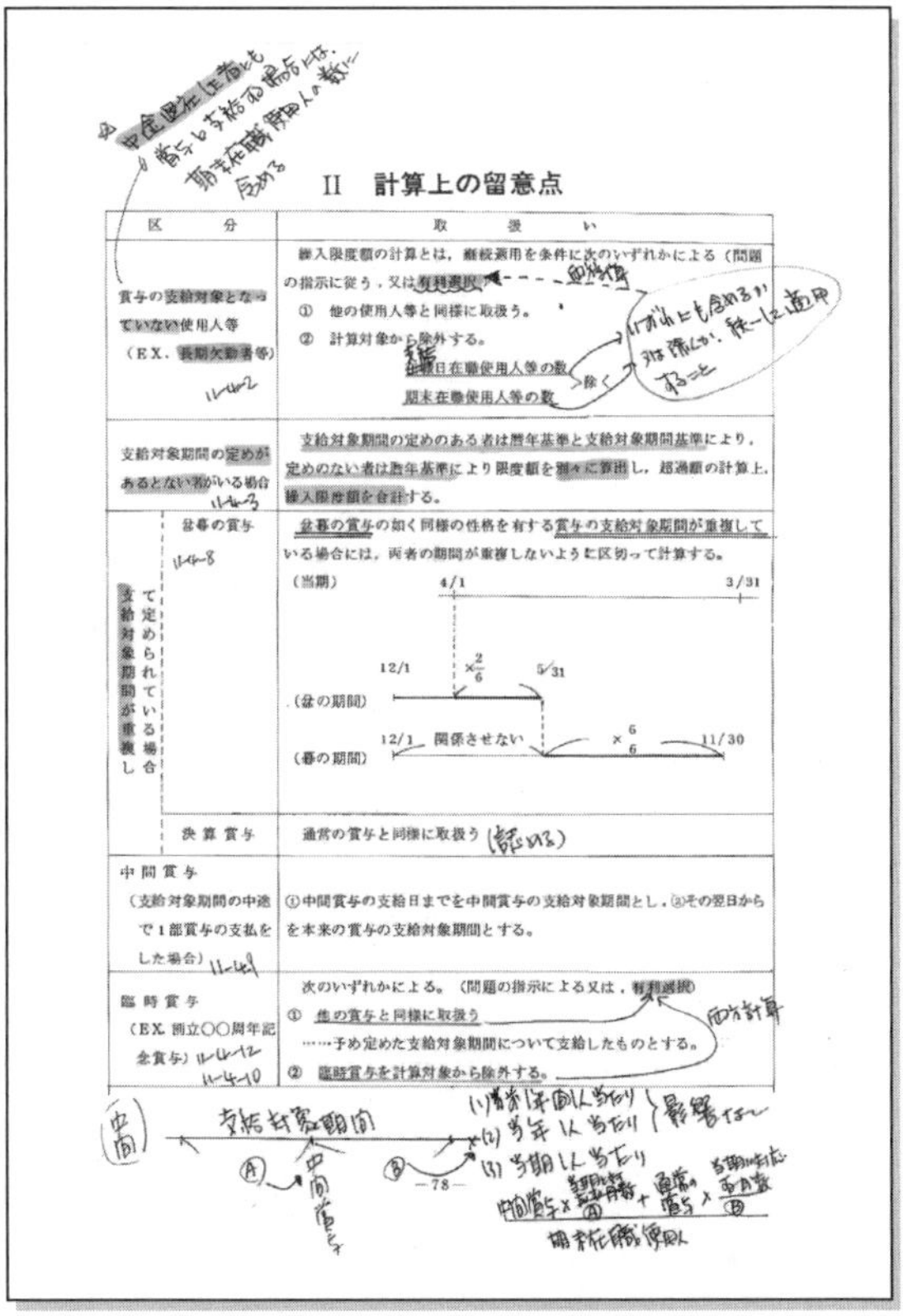

II　計算上の留意点

区　　分		取　　扱　　い
賞与の支給対象となっていない使用人等（EX．長期欠勤者等）		繰入限度額の計算とは，継続適用を条件に次のいずれかによる（問題の指示に従う，又は有利選択） ①　他の使用人等と同様に取扱う。 ②　計算対象から除外する。 [illegible]日在職使用人等の数 期末在職使用人等の数
支給対象期間の定めがあるとない者がいる場合		支給対象期間の定めのある者は暦年基準と支給対象期間基準により，定めのない者は暦年基準により限度額を別々に算出し，超過額の計算上，繰入限度額を合計する。
支給対象期間が重複して定められている場合	盆暮の賞与	盆暮の賞与の如く同様の性格を有する賞与の支給対象期間が重複している場合には，両者の期間が重複しないように区切って計算する。 （当期）4/1　3/31 （盆の期間）12/1　×2/6　5/31 （暮の期間）12/1　関係させない　×6/6　11/30
	決算賞与	通常の賞与と同様に取扱う
中間賞与（支給対象期間の中途で1部賞与の支払をした場合）		①中間賞与の支給日までを中間賞与の支給対象期間とし，②その翌日からを本来の賞与の支給対象期間とする。
臨時賞与（EX．創立○○周年記念賞与）		次のいずれかによる。（問題の指示による又は，有利選択） ①　他の賞与と同様に取扱う ……予め定めた支給対象期間について支給したものとする。 ②　臨時賞与を計算対象から除外する。

—78—

このように、書き込むことがたくさんあるページもあるが、あとから読んでもすぐにわかるようにきれいに整理されている

5 「間違いノート」も絶対につくらない

テキストと問題集を「間違いノート」代わりにする

資格の勉強をしている人の中には、間違いやすい問題や論点、ケアレスミスしやすい部分をまとめた「間違いノート」をつくっている人が少なくありません。

「時間のあるときにノートを見直して、間違いやすい苦手な部分を克服する」。これが間違いノートの目的なのですが、そもそも授業中にノートをとっていなかった私が、そのようなノートづくりをおすすめするわけがありません。

間違いノートをつくるのは、時間の無駄ですし、ノートを作成するだけで満足してしまうおそれがあります。絶対にやめましょう。

私は専門学校の問題集を「間違いノート代わり」にしていました。問題集を見るだけで、自分が間違いやすい問題や論点がわかるように工夫していたのです。

知識が定着するマーカーの使い方

問題集にとりかかると、当然ながら、解ける問題と解けない問題が出てきます。このとき、３分考えても解けない問題は、迷わず解答を読んでから解いていきます。**３分考えてもできないのは、理解していない証拠です。**自分で余計な解釈を加える前に、解答とその解説を読んでしまうのです。

解説には、テキストにはないキーワードが書かれている場合があります。**解説文はきちんと読み込んで、キーワードや重要なポイントにマーカーを引いていきます。**もしも、補足したいポイントがあれば、直接、文字を書き込んでしまいます。

マーカーは黄・緑・ピンクの３色を用意しておきましょう。そして、最初は黄色で重要箇所をマークしていき、次に同じ箇所を読み返したときに、まだ覚えていなかったら、今度は緑色のマーカーを上から塗り重ねます。さらに何度読み返しても、なかなか覚えきれない箇所には、最終的にピンク色でぐりぐりと派手に塗り重ねます。本試験の直前には、この「ピンクでぐりぐり」の箇所だけを見直していきます。

重要なポイントは、きちんと覚えるまで何度も読み返すのです。これを積み重ねることによって、記憶が定着していきます。

1冊の問題集で3冊分の知識を吸収する「付箋」の使い方

問題集を使いこなす上で私が工夫していたのが、付箋の使い方です。**付箋を貼る位置に「意味」を持たせ、解いた問題の性質ごとに貼る位置を変えていました。**

具体的には、次の通りです。

「攻略済み」↓ページの下

「攻略済みだが、重要かつ基本的な問題」↓ページの上

「できなかったので再チャレンジ」↓ページの横

「理解できていないので、テキストに戻って復習する」→ページの斜め上
「攻略済みだが、ちょっと気になる」→ページの斜め下

付箋の貼り方は、103ページの図のようなイメージです。

ちなみに、付箋を貼る位置は、「これが正解」というものはありません。自分の使いやすいようにカスタマイズしてください。5つある問題の性質に合わせて、貼る位置が固定されていることが重要です。

「問題の性質」の5分類

5つある問題の性質をひとつずつ見ていきましょう。

「攻略済み」は、言葉通り、解答できた問題です。最終的に、すべての付箋が、この位置に貼られるのが理想です。

「攻略済みだが、重要かつ基本的な問題」は、解答できたけれども重要なので、試験前などにもう一度見直したい問題です。

「できなかったので再チャレンジ」は、3分考えてみたけれど、解けずに解答を先に見てしまった問題。2週間後に再チャレンジします。

「理解できていないので、テキストに戻って復習する」は、内容が理解できていない問題。時間に余裕があるときにテキストや解説を読み込んで、自分のものにする必要があります。

「攻略済みだが、ちょっと気になる」は、解答できたけれど、ほかの問題と関連づけておきたい問題です。たとえば、税理士試験の問題集に、「特別償却」というキーワードが出てきたら、「減価償却」の問題と関連がある可能性が高いと考えられます。このようなときに、ページの斜め下に付箋を貼っておくと、いざ減価償却の問題が出てきたときに、関連づけて覚えることができます。**107ページでより詳しく述べますが、この「関連づけ」のくせをつけておくと、勉強の効率が飛躍的に上がります。**

このように問題の性質を5つのパターンに分けると、「できたもの／できなかったもの」「重要なポイント」が整理でき、自分がやるべきことが見えてきます。

「付箋」の使い方　5パターン

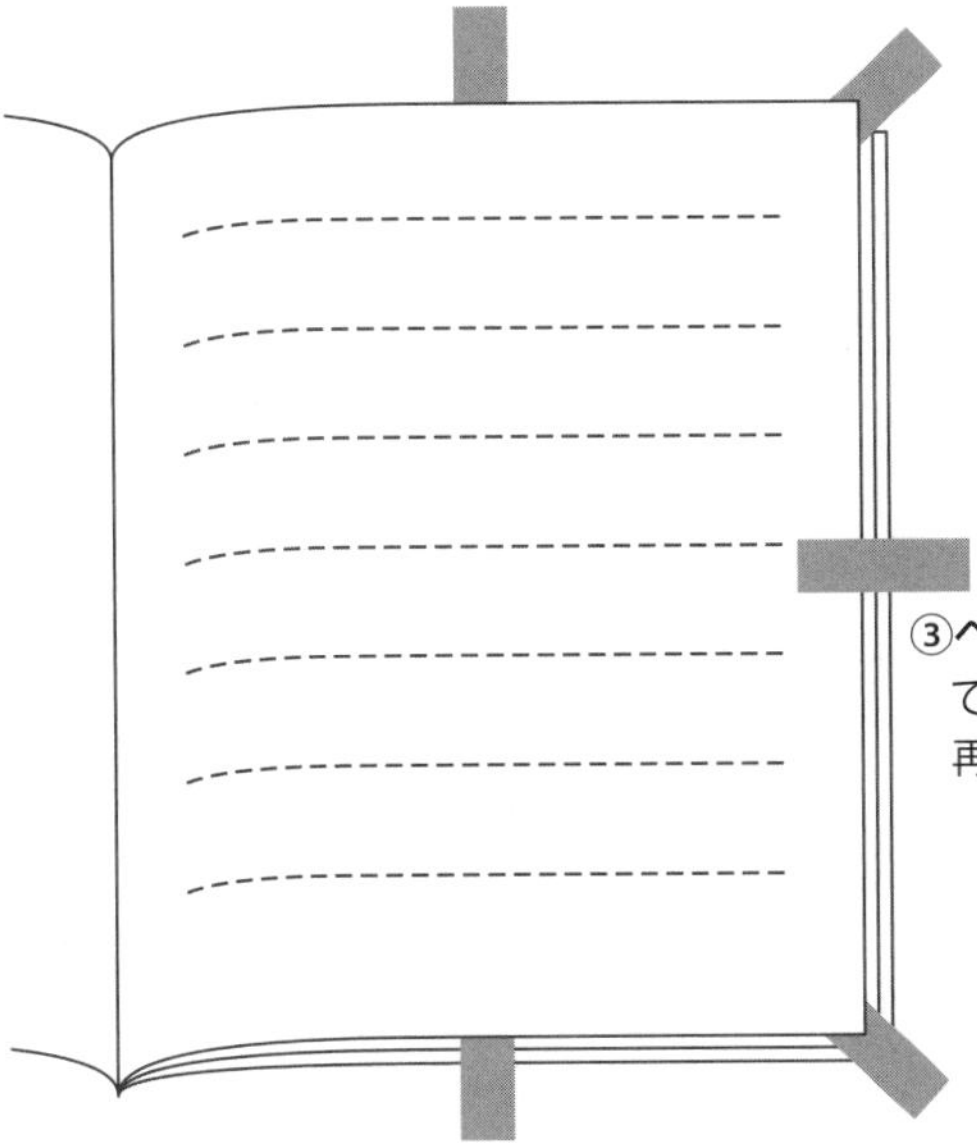
①ページの上
攻略済みだが、重要かつ
基本的な問題
②ページの斜め上
理解できていないので、
テキストに戻って復習する
③ページの横
できなかったので
再チャレンジ
④ページの斜め下
攻略済みだが、
ちょっと気になる
⑤ページの下
攻略済み

第1章「勉強の進め方」を整理する
第2章「勉強環境」のつくり方
第3章「超合理的」な勉強法
第4章「受かる人」の考え方
第5章「メンタル」の鍛え方

できなかった問題は、2週間後にやり直す

「理解できていないので、テキストに戻って復習する」問題と「できなかったので再チャレンジ」の問題は、もちろんそのまま放置しておいてはいけません。

「理解できていないので、テキストに戻って復習する」問題は、テキストなどできちんと理解してから、再度、問題にチャレンジします。**一度できたからといって安心せずに、今度はページの横（「できなかったので再チャレンジ」）に付箋を移動しましょう。**もしも解答できなかった場合、付箋の位置は動かしません（ページの斜め上のままです）。万一、3度目のチャレンジでも解答できなかった場合は、苦手な分野といえるので、思い切って「捨てる」という判断も必要になります。

「できなかったので再チャレンジ」の問題は、再び挑戦して攻略できたら、ページの下に付箋を移動します。**「一応解答はできたけれど、まだ不安だ」というときは、付箋はページの横に貼ったままにしておきます。**

できなかった問題に再チャレンジするときの間隔は、2週間を目安にするといいで

しょう（2度目のチャレンジは2週間後、3度目のチャレンジは1カ月後になります）。あまり時間がたっていない段階で再チャレンジすると、解答そのものを覚えてしまっている可能性があるからです。

ただ、何回かチャレンジして解けなかった問題でも、勉強を進めていくうちに、その分野の理解度が深まったり、関連している項目を学んだりすることで、ある日、簡単に解けることもあります。

ですから、矛盾していることを言うようですが、3度解けなかったとしても、あきらめないことも大切です。問題集を1冊終えるタイミングや試験直前に、もう一度、チャレンジしてもいいでしょう。

最終的には、すべての付箋が、「攻略済み」の位置にくるのがゴールです。

私は、問題集をすべてやり終えたときに、「攻略済み」の付箋を全部剥《は》がすのを一種の儀式にしていました。一気に付箋を剥がすときの達成感は、なんとも心地のいいものです。

テキストはインプットが目的であるのに対して、問題集はアウトプットが目的です。

問題集がグチャグチャになるまで、自分の思考の過程をすべて問題集の上に吐き出しましょう。

ポイント

間違いノートはつくらず、問題集を徹底的に使い倒す

6 応用力を高めるために「関連づけ」をくせにする

伸び悩みの原因は「応用力」の不足にある

頑張って勉強しているのに、点数が伸び悩む。**その原因のひとつに、「応用力が乏しい」ことが挙げられます。**

たとえば税理士試験の理論問題では、暗記したさまざまな理論や条文を自分で組み立てて論文を書く能力が求められます。

すべての理論や条文を丸暗記していたとしても、必要な情報を引っ張り出して、自分で組み立て直すことができなければ、高得点をとることはできません。「A」という理論を、そのまま「A」として覚えているだけでは、自分で組み立て直すことができないのです。

応用力が足りない人の特徴は、持っている知識や情報を、ほかの知識や情報と関連づける力が低いことです。

「A」という理論を単に「A」と覚えるだけではなく、「A′」「A″」という情報とも結びつけて覚えることができなければ、合格するレベルの解答を書くことはできないのです。

たとえば、「欠損金の繰戻し還付」というキーワードが出てきたら、それを単独で覚えるのではなく、同じ中小法人向けの特例である「貸倒引当金の法定繰入率」についても関連づけて覚えてしまいます。すると、中小法人向けの特例に関する知識が深まるのはもちろん、キーワードをつながりで覚えることができるので、記憶が定着しやすくなり、関連するキーワードを引っ張り出しやすくもなります。

「関連づけ」をくせにする

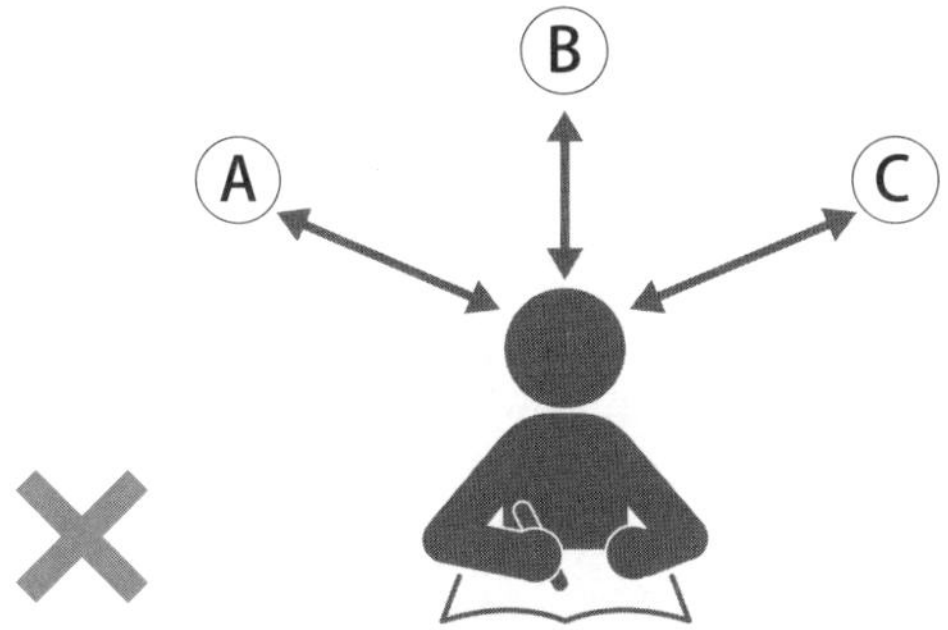

一つひとつの知識を断片的に覚えているので、
応用がきかない

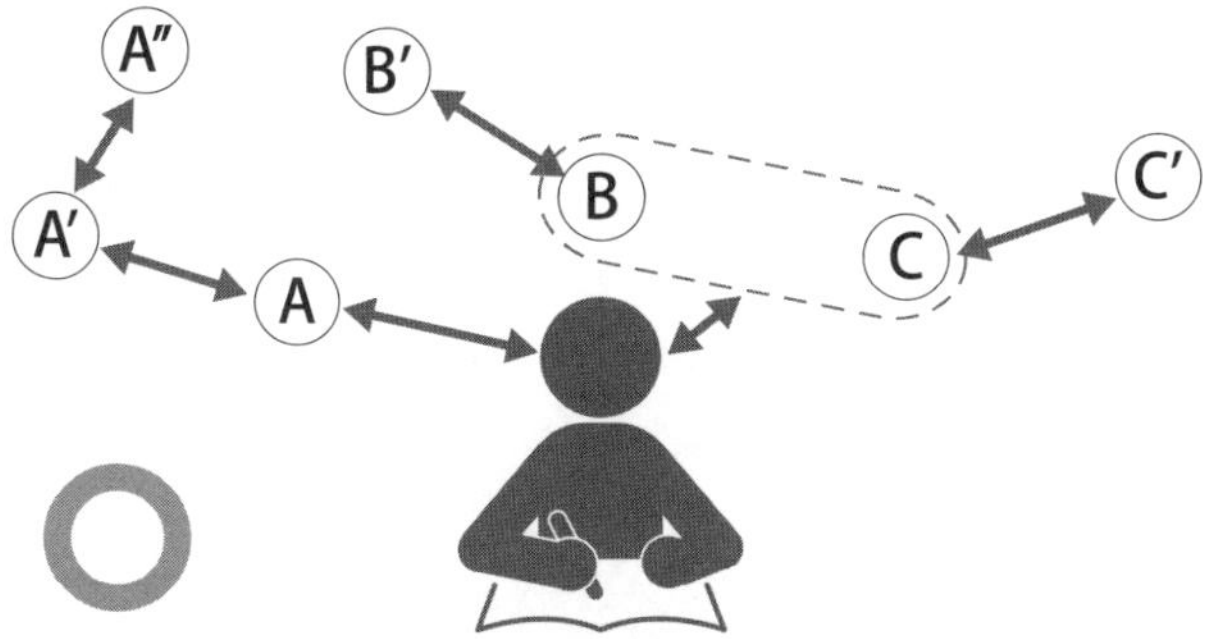

知識同士を関連づけて覚えることで、
応用力がつく

付箋が「関連づけ」の力を鍛える

「関連づけ」とは、言い換えれば「全体をふかんして見る」ことです。「関連づけ」の力を高めるには、100ページで説明したように「問題を性質ごとに分けて付箋を貼っていく」という習慣を続けるのが効果的です。

問題集を解き、その解説文を読んでいくと、「この理論は、あそこで出てきた理論と関係しているな」「このキーワードは、またどこかで出てきそうだな」とひらめくことがあります。そのときは、ページの斜め下に付箋を貼っておき、あとで関連のある部分と一緒に復習します。すると、本番でどのような事例問題が出ても、頭の中のどのフォルダを開けば、どの情報が出るか、すぐにわかるのです。

このような「関連づけのセンス」は、特別な能力でも、生まれつきの才能や頭のよさで決まるものではありません。**ひとえに「慣れ」です。** 関連づけることを続けているから、自然に関連づけられるようになるのです。

「関連づけ」の力を鍛える習慣

①問題集への付箋づけ

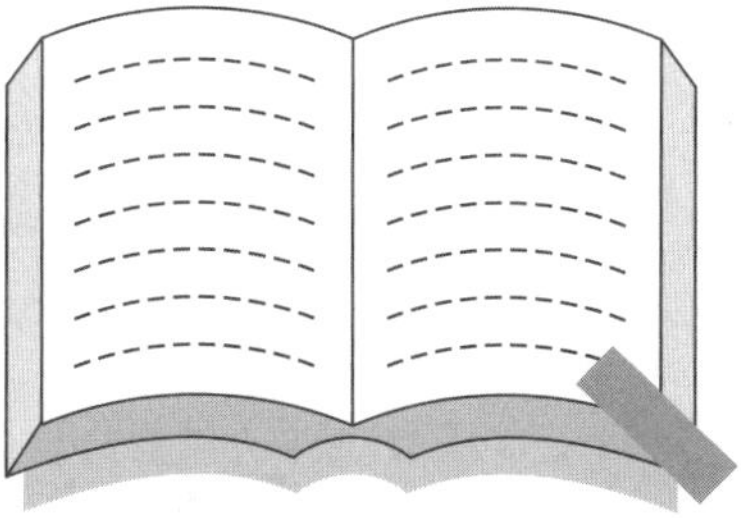

②何気ないメモも「図解」でとる

◎「会議で話し合われたこと」のメモの例

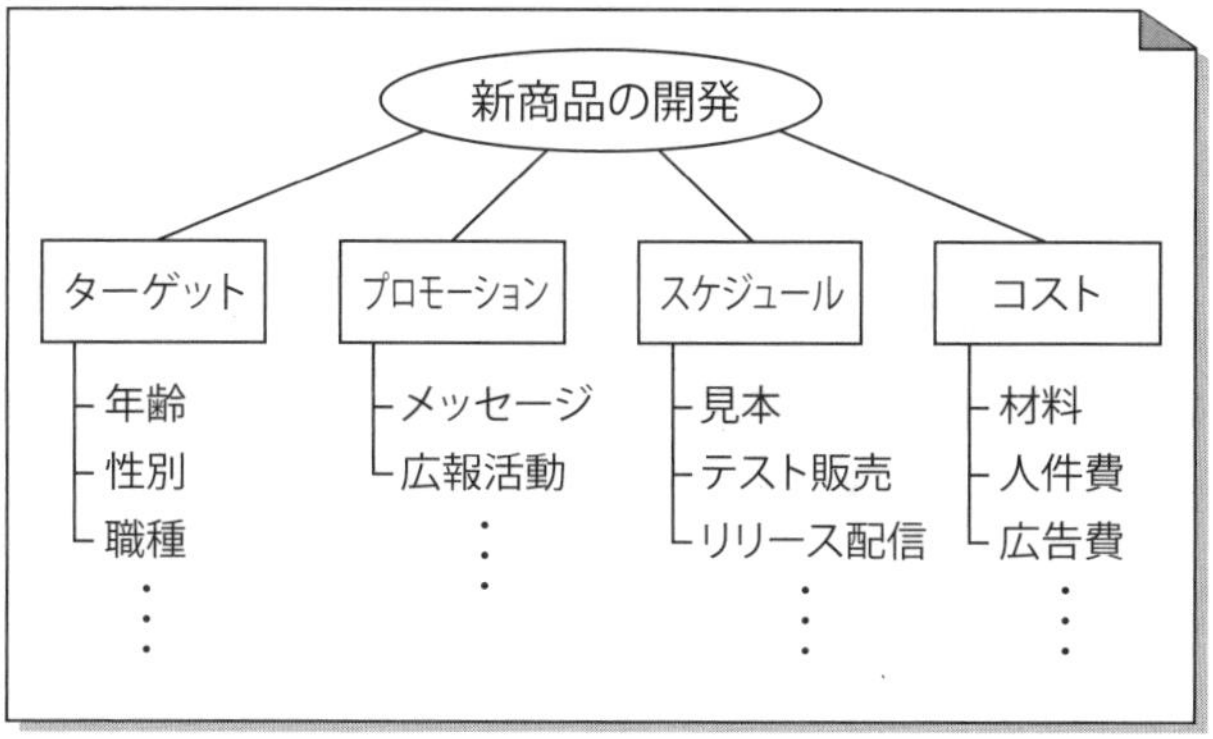

また、普段の仕事や生活での何気ないメモを「図解」でとっていくと、全体をふかんして関連づける力がつきます。

慣れるまでひたすら続ける

「関連づけ」を完全に自分のものにすると、全体を広くイメージでとらえられるようになります。**特定の分野を勉強していても、ほかの分野も視野に入ってくるようになるのです。**夢のような能力ですが、これが単なる「慣れ」で身についてしまうわけです。慣れるまでひたすら続けることが大切です。

ポイント

「関連づけ」をくせにすると応用力が高まる

7 予習は「百害あって一利なし」

「丸腰」で授業に臨むのがベスト

専門学校や通信教育（DVD・ウェブ）の授業を受ける前に、予習をする人は少なくありません。予習をして授業から多くの知識を吸収しようという心がけは素晴らしいですが、**ノートづくりと同様、予習もまた、あまり意味がないと私は考えています。**

これから勉強しようという分野は、未知でわからないことばかりです。授業の前にテキストを読んだからといって、あまり頭に入ってきません。時間がかかるばかりで、知識の吸収量としてはそんなに望めないでしょう。

そして予習で怖いのは、まだ知識のない段階で自分なりの勝手な解釈をし、「わかったつもり」になってしまうことです。素人が解釈を加えても、たかが知れています。むしろ専門家である先生の説明を、白紙の状態で聞いたほうが知識の吸収力は上がります。

すべてを吸収するつもりで授業に臨む

予習をしない代わりに、授業中は集中力全開で先生の話を聞きます。

先ほども述べましたが、私はノートをとりません。そのため、先生が板書をしていたり、受講生が板書を写していたりする時間は、「自分の時間」として活用できます。その時間に、これから先生が話をするであろう部分や、全体のもくじに目を通しておくのです。**「予習」ではなく、あくまでも「目を通す」「眺める」程度です。**

すると、先生の説明を聞きながら再度テキストの文章を読むかたちになるので、説明の理解度が深まります。

予習は「百害あって一利なし」

✕ 予習で詰め込み、授業で混乱する

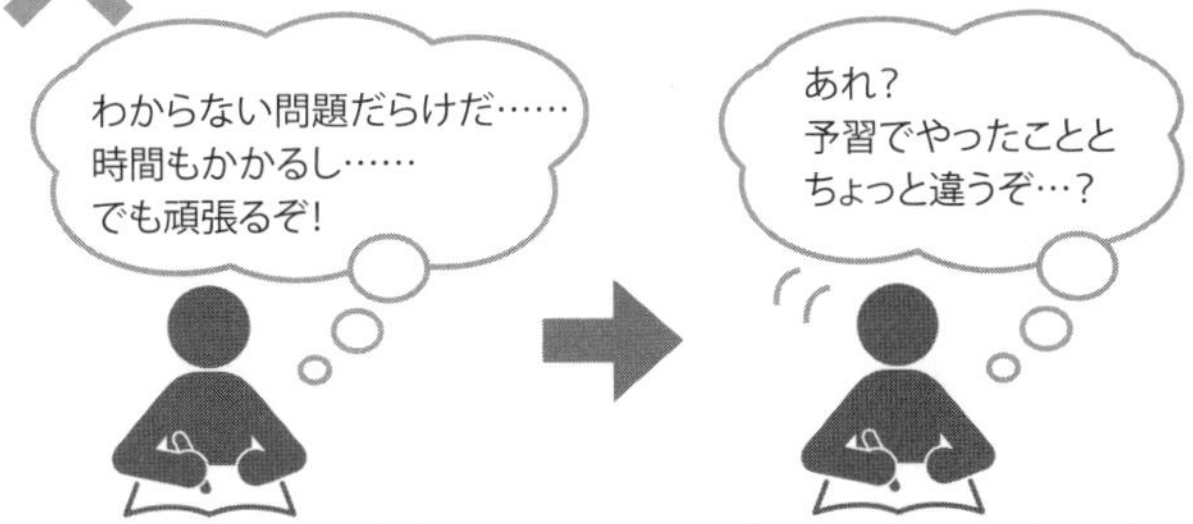
わからない問題だらけだ……
時間もかかるし……
でも頑張るぞ！
あれ？
予習でやったことと
ちょっと違うぞ…？

予習は知識の吸収量が少ない上、
余計な先入観が授業の邪魔になることも

○ 予習せず、素直な心で授業に臨む

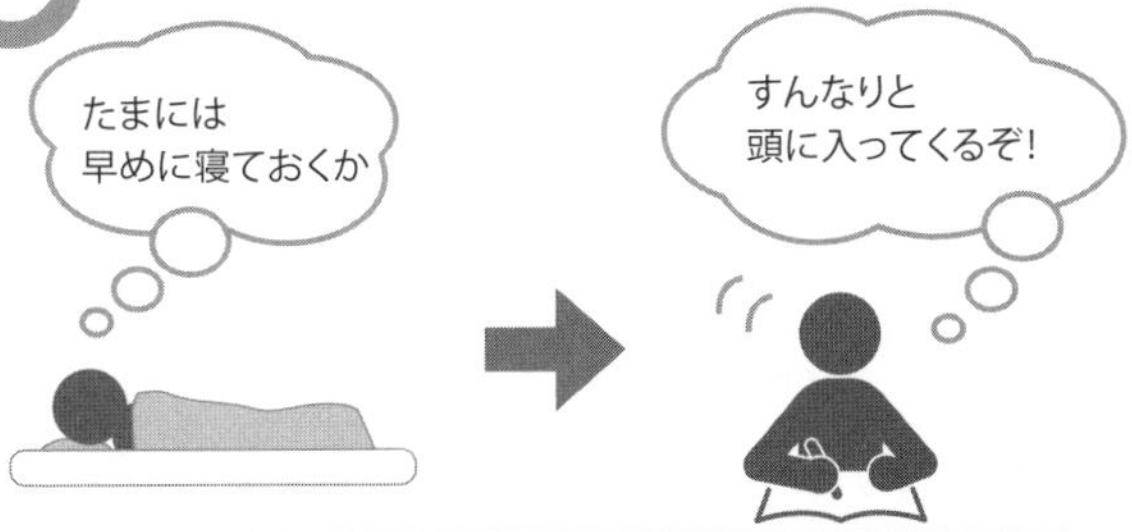
たまには
早めに寝ておくか
すんなりと
頭に入ってくるぞ！

「丸腰」の状態で授業に臨めば、
すべてが「新鮮な知識」として頭に入ってくる

この調子で授業を受けていると、その日の授業の内容のほとんどが頭の中にインプットできます。乾いたスポンジが水を吸い込むように、知識が体の隅々まで吸収されていくのです。

ポイント

予習をせず、「丸腰」で授業に臨む

8 復習は「鬼」のごとくしつこく

復習は「授業の直後」から始まる

予習をしないぶん、復習では一切の妥協を許しません。

予習よりも復習のほうがはるかに大事です。復習をすることで、記憶を確実に頭の中に定着させられるからです。**だから復習は、鬼のようにしつこくやります。**

私の場合は、授業を受けたら、その日のうちに復習することを習慣にしていました。**復習は「授業を受け終わった直後」から始まります。**その授業中に理解しきれなかったことを、即座に先生に聞くのです。授業の内容に疑問を残してはいけません。

「鉄は熱いうちに打て」とはよくいったものです。授業直後に復習をして、完璧に理解した状態で帰るのが理想です。

家に着いてからの復習は、「授業中、テキストにマーカーを引いた部分」の見直しにあてます。これには、多くの時間をとる必要はありません。30分ほどの時間で、集中して行うようにします。

問題集を使い惜しみしない

問題集を「いつ」「どう使うか」が資格試験の合否を分けます。「どう使うか」についてはすでに100〜106ページで詳しく説明しました。ここでは「いつ使うか」について説明します。

よく「テキストの内容をすべて学んでから、まとめて問題集にとりかかる」という勉強スタイルの人がいますが、私はおすすめしません。テキストで学んでから問題集

復習は「鬼」のごとくしつこく

①「授業を受け終わった直後」に、先生に質問をする

ここが
わからなかったんです!
よく質問
してくれた!

②家に着いてから、マーカーを引いた部分を見直す

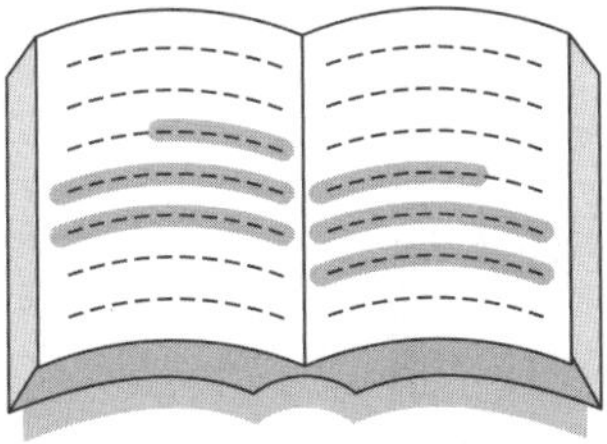

③テキストと問題集を同時進行で進める

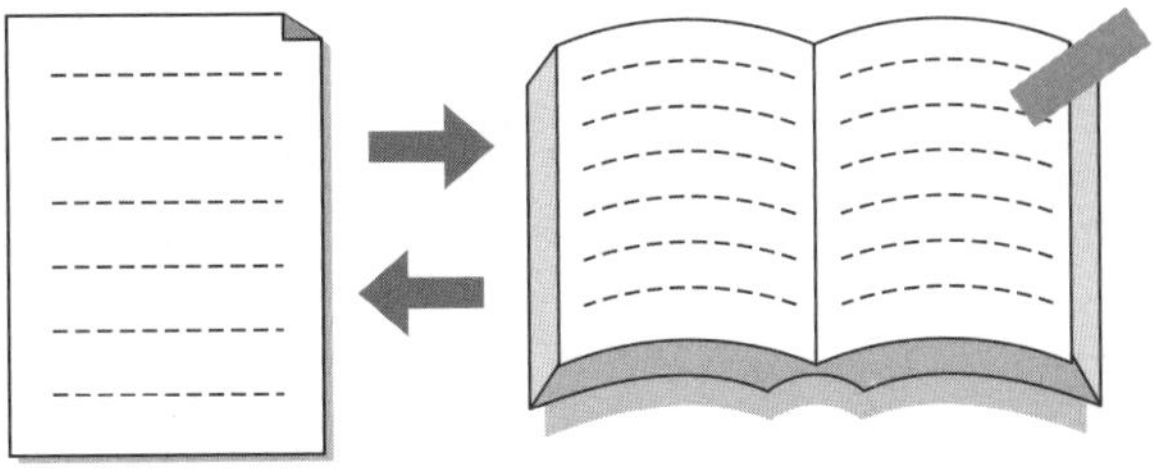
テキスト
問題集

に挑戦するまでの期間が空きすぎてしまうと、内容を忘れる可能性が高いですし、記憶が定着しないからです。**テキストと問題集は同時並行で進め、テキストで学んだことを即、問題集で復習するべきです。**

テキストで学んだ内容は、翌日までに問題集でおさらいするのが理想です。記憶が定かなうちに問題集にとりかかれば、理解度が深まり、記憶も定着します。専門学校に通っている場合は、次の授業までにとにかく全部の問題に手をつけておきましょう。

ポイント

復習は、理解するまでしつこくやる。妥協しない

9 「最低限の知識」で択一問題を攻略する勉強のコツ

「知識なし」で問題を解く裏ワザ

多くの資格試験で、複数の選択肢の中から1つの正解を選ぶ「択一問題」が出されます。この「択一問題」を効率的に勉強するには、4つのコツがあります。このコツさえつかんでしまえば、ある程度の難易度の問題は、知識なしでも解けてしまいます。

勉強のコツ1 直近5年分の「過去問」を手に入れる

勉強のコツ2 「問題」と「解答」をひもづけて覚える

勉強のコツ3　解答の「解説」部分を先に読む

勉強のコツ4　自分で「問題」と「誤解答」をつくる

直近5年分の「過去問」を手に入れる

1つ目のコツは、「直近5年分の過去問」を手に入れることです。過去問を手に入れられるかどうかが勝負の大きなポイントです。

私は以前、仕事の関係上、どうしても生命保険と損害保険の「代理店試験」を受けなければならなくなったことがありました。しかし、子育てと本業で忙しく、勉強をする暇がまったくありません。気がつけば試験前日になってしまっていました。

あわてた私は、まずその試験の過去5年分の問題を読み、傾向をつかみました。**過去問題集をさかのぼって解いていくとわかるのですが、資格試験は「ほぼ同じ問題で、ちょっとした数字や設定が違うだけ」という問題が、気持ち悪いほど多く出ます。**過去に繰り返し出題されている問題は、次回も出題される可能性が高いということとです。この問題をマスターしておけば、本番の試験では「自分がズルをしているのではないか」と錯覚するほどに、問題を解くことができるはずです。

私も無事に、2つの試験に合格することができました。テキストを一から読まなくても（私の場合は読む暇すらなかったわけですが）、合格ラインを狙える程度の点数はとれるはずです。

「問題」と「解答」をひもづけて覚える

2つ目のコツは、問題と解答をひもづけて覚えることです。

たとえば、「誤っている記述を1つだけ選ぶ」という設問に、次のような選択肢があったとします。

「水は、酸素と窒素が結びついたものである」

もちろん、この選択肢は誤っています。「水は、酸素と水素が結びついたものである」というのが正解です。

ここで注目すべきポイントは、「水素」が正解であるのに、あえて「窒素」という誤った言葉に入れ替えて、解答者を引っかけようとしている点です。つまり、「水素」がキーワードで、重要な暗記項目であるからこそ、この問題は成立していると考えられます。

このように「なぜ、この選択肢は違うのか？」という視点を持つと、その試験の重要ポイントやキーワードが自然と見えてきます。

解答の「解説」部分を先に読む

３つ目のコツは、解答の「解説」部分を先に読んでしまうことです。

当たり前のことですが、「正しい記述を４つの中から１つだけ選ぶ」という設問の場合、正解以外の３つは誤っている記述が含まれていることになります。**つまり出題者は、無理やり「間違った記述」をでっち上げたわけです。**

その「種明かし」が、解答の「解説」部分です。解説には、残りの３つが誤っている理由が記されています。先ほども述べたように、あえて誤っている部分は、キーワードである可能性が高いといえます。この解説を読んで理解すれば、効率的に重要なポイントを学んでいくことができるわけです。

逆にいえば、問題集としては解答の「解説」部分が充実している問題集が優れているということです。**解説文の重要なポイントやキーワードにマーカーを引いていけば、問題集がそのままテキスト代わりになります。**

自分で「問題」と「誤解答」をつくる

4つ目のコツは、自分で「問題」と「誤解答」をつくることです。「4つ目」といいながら、実際は「3つ目のコツ」の応用編に近いかもしれません。

自分で問題をつくってみると、出題者の意図がよく理解できます。「どんなところで引っかけようとしているのか」「このキーワードは外せないだろう」というポイントが見えてくるのです。

どんな試験問題にも、必ず問題を作成している人がいます。機械が自動的につくっているわけではありません。

出題者の気持ちになれば、「4つの選択肢のうち、2つは完全に引っかけようとしている」ということがわかるようになります。そうすれば、まったくわからない問題でも、正解の確率が50％まで高まります。

「択一問題」と一言で言っても、難易度はさまざまです。私が合格した生命保険・損害保険の資格の択一問題と、司法試験の択一試験では、難易度は雲泥の差です。**しかし、コツをつかんでいるのといないのとでは、勉強にかかる労力は全然違います。**択一問題はとくに、一からテキストで勉強するのではなく、ここで紹介したコツを押さえた勉強をしましょう。

ポイント

択一問題は「4つのコツ」に沿って勉強する

10 すべての論文・条文を「問題提起」「結論」「理由」「例外」の4要素に分ける

子どもにもわかるような言い方に置き換えて理解する

資格試験の中には、論文が大きなウエイトを占めているものもあります。しかし、論文式の試験に苦手意識を持っている人は少なくありません。

税理士試験にも「理論問題」という論文式の問題があります。

「○○について述べなさい」「以上のような事例について、最も納税者に有利になる方法を考えなさい」といった類の問題に対して、法律の条文などを引き合いに出しながら、A3用紙2枚ほどのスペースに文章を書いていきます。したがって、膨大な量の理論や条文を暗記しなければいけません。

このような論文試験で点数を稼ぐポイントは、理論や条文を自分の言葉で要約してから暗記することです。

専門学校や資格指南本によっては、理論問題は、理論や条文の「てにおは」まで正確に暗記するのが王道だと教えるところもあります。しかし、「てにおは」まで丸暗記するのは、かなりしんどい作業です。私はとてもそれが苦痛で、なかなか覚えられませんでした。

そこで私が試したのが、「子どもにもわかるような言い方に置き換えて理解する」という方法です。テキストや問題集に載っている模範解答をそのまま覚えるのではなく、重要ではない部分は自分流に噛み砕いて、短くしてから覚えるのです。

論文の「骨格」を探し出す

要約するコツは、論文の骨格となる次の4つの部分を探し出すことです。

問題提起　○○とは、どういうことか
結論（定義）　要するに○○は××である
理由（根拠）　なぜなら、○○は△△だからである
例外　ただし、○○は□□なのに留意する

「問題提起」「結論（定義）」「理由（根拠）」「例外」の部分を探し出したら、それらを黄色のマーカーで強調していきます。黄色のマーカーを使うのは、あとでほかの色を塗り重ねることができるからです（133ページで詳しく説明します）。

マーカーを引いた部分をつないでいくと、自動的に要約された文章ができあがります。暗記するのは、あくまでもマーカーを引いた部分だけです。**この部分だけで、論文の骨格は網羅できるからです。**残りの部分は、思い切って割愛します。

「そんなに要約してしまったら、点数がとれない」と心配になるかもしれません。しかし、繰り返し述べていますが、資格試験は満点をとる必要はありません。また、専門学校での答案では「×」にされても、実際の資格試験では「○」になる（＝×をつけられない）可能性が高いのです。資格試験は「落とすこと」が目的の試験ではあり

ません。あなたがその資格を持って働く基礎的な力が備わっているかを判断するための試験です。税理士試験なら、6割程度でOKなのです。そして4つの骨格さえ押さえていれば、だいたい合格ラインの点数はとれるはずです。

大事なことは、合格ラインに達することです。完璧に理論や条文を暗記することにとらわれすぎて、合格するまでに膨大な時間がかかってしまっては、元も子もありません。

「テクニック」は後回し。とにかく「骨格」を押さえる

公務員試験などには、小論文試験があります。弁護士の論文式試験や税理士の理論問題よりは、求められる字数は少ないですが、小論文も「問題提起」「結論（定義）」「理由（根拠）」「例外」の4つの骨格を押さえることを意識すれば、得点を稼げる文章を組み立てることができます。

小論文には、「具体例を入れる」「反対の事例を入れる」など上手に書くテクニックはいくつも存在しますが、テクニックにこだわりすぎて、的外れな論文を書いてしま

論文・条文を「4つの要素」に分ける

問題提起

○○とは、どういうことか

結論（定義）

要するに○○は××である

理由（根拠）

なぜなら、○○は△△だからである

例外

ただし、○○は□□なのに留意する

うようでは本末転倒です。それよりも、「4つの骨格」をきちんと押さえるようにすれば、確実に点数を重ねることができるのです。

普段から、新聞の論説文や一面のコラム（朝日新聞でいえば「天声人語」）などを読む習慣をつけるのもおすすめです。4つのポイントにマーカーを引きながら読むとさらに効果的です。もし環境が許せば、声に出して読んだり、その内容を家族や友だちに教えたりすると、アウトプット力に磨きがかかります。「問題提起」「結論（定義）」「理由（根拠）」「例外」のポイントが押さえられた論理的な文章なので、参考になるでしょう。

ポイント

「問題提起」「結論」「理由」「例外」の4要素をつかむ

11 5色のマーカーを使い分けて暗記する

難解な文章を視覚で理解する

論文試験の理論や条文を暗記するには、「問題提起」「結論（定義）」「理由（根拠）」「例外」を探し出して、要約するのが有効だと前項でお話ししました。

これらを要約するときに、便利なアイテムがマーカーです。私は「黄色」「オレンジ」「緑」「青」「ピンク」の5色のマーカーをいつも用意していました。

まず、「問題提起」「結論（定義）」「理由（根拠）」「例外」の4つの箇所を探し出して、それぞれを黄色のマーカーで線を引いていきます。さらには、それ以外で「重要」だと感じた箇所にも黄色のマーカーを引きます。

この時点では、色を使い分ける必要はありません。とにかく、論文の骨格を探し当てることに集中します。

いったんすべて黄色のマーカーを引き終えたら、その中で、とくに覚えておきたい大事な箇所に、マーカーを塗り重ねます。最初に黄色のマーカーを使うのは、5色の中では最も色味が薄いので、重ね塗りがしやすいからです。

私の場合は、「結論（定義）」の部分は黄色の上から緑色のマーカーを塗り重ね、「重要」だと感じた箇所には、青色を上から引きました。

こうして色分けをしていけば、あとで「結論（定義）」だけをチェックしたいときに、視覚的に見つけやすくなります。

そして、なかなか覚えられない箇所には、ピンク色をさらに塗り重ねて、派手に目立つようにしました。このようにピンクでぐりぐりと色をつけておけば、試験の1週間前などにその部分だけに注目して、効率よくおさらいができます。

どの箇所に、どの色を塗り重ねるかは、人それぞれのスタイルでアレンジしてください。ただし、マーカーは、メーカーによって同じ色でも微妙に色味が異なるので、常に同じメーカーの商品を買うようにしましょう。

条文は「カッコ」の中こそが大事

私がとくに大事だと思ってマーカーの重ね塗りをしていたのは、条文の中に出てくる「（　）」の中の文章です。

普通の文章のカッコの中は、補足的な内容で、あまり重要ではありませんが、条文のカッコの中には、「例外」が書いてあります。これらは、理論問題の重要なポイントとなるケースが多々あるので、とくに覚えておかなければなりません。

私は「例外」には緑色のマーカーを塗り重ねていました。こうした色分けをすると、あとで効率的に重要なポイントをチェックできるのです。
法律の条文を覚える必要のある資格を受ける人は、カッコ内を見過ごさないように気をつけましょう。

ポイント

5色マーカーで、難解な文章を塗り分ける

12 1日の最後に、解けない問題を1問残して勉強をやめる

わざと自分を不安にさせる

試験勉強中は、どんな受験生も不安になるものです。勉強を一生懸命やっている受験生ほど不安になります。

私は、その不安は、効率的に勉強を進める上での大きな味方だと考えています。安心するくらいなら、不安でいたほうがよっぽど勉強がはかどります。

受験勉強において、安心は「敵」です。 私は自分に甘い人間なので、安心は「天敵」ですらあります。たとえば、勉強がやけに快調に進んで、「今日は1問も間違えな

かったなぁ」という日があったとしましょう。私の場合、まず間違いなく、次の日は勉強をサボってしまいます。もしかしたら、その次の日もサボるかもしれません。それくらい自分に甘い人間なのです。

だから私は、1日の勉強の最後に、わざと「解けない問題」を1問残すようにしています。基本的には「できなかったので再チャレンジ」（ページ横の付箋）の問題に挑戦しますが、ときには以前、何度やってもできずに切り捨てていた苦手問題（ページの斜め上の付箋）に挑戦することもあります。

解けない問題を残すことで、「あの難しい問題がまだ残っている……あれが試験に出たらどうしよう……」と不安になります。人間は不安があると、それを解決したくなるので、翌日は「だらけている場合じゃない」という気持ちで勉強に向き合うことができます。それを1日1日積み重ねていくのです。

ポイント

1日の最後に、あえて「解けない問題」を残す

13 最強の暗記法は、結局「音読」だ

暗記が苦手でもできる、簡単で最強の方法

暗記が大の苦手だった私でしたが、税理士試験の理論問題では暗記することが山ほどあったので、避けるわけにはいきませんでした。とくに試験本番の3カ月前からは、ひたすら暗記に励む日々でした。

さまざまな暗記法を試す中で最も効果があったのは、声に出して覚える「音読」です。家の中で、ファミレスで、電車の中で、外で歩きながら……とにかくありとあらゆる場所で、ポイントとなる理論や条文を、ぶつぶつとつぶやきながら覚えるのです。

「覚えよう」と思わなくても覚えてしまう

私が音読を「最強の暗記法」と確信しているのは、自分自身が「音読の効果」について強烈な体験をしているからです。

20代のころ、ある試験用の問題集をつくる編集部でアルバイトをしていたことがありました。

問題集は正確さが命なので、万が一でもミスがあってはいけません。そのため「読み合わせ」といって、ひとりが文章を声に出して読んで、もうひとりがそれを聞きながらチェックするという方法で万全を期していました。

私はその読み合わせを担当していたのですが、でき上がった問題集を眺めていると、問題を見るだけでパッと答えが出てくるのです。

読み合わせをしてから本になるまでは何週間かかかりますし、当然その本の読み合わせだけにかかわっていたわけではありません。**でも、声に出して読み上げた問題は、**

不思議と自分の記憶の中に残っているものなのです。

もちろん、読み合わせのときは、「暗記をしよう！」という意識は、まったくありませんでした。機械的に声に出して読んでいるうちに、自然と頭の中にインプットされていたといったほうが正しいでしょう。**これが音読の力です。**

ポイント

繰り返し声に出すことで、知識が体に染みつく

第4章

本番で確実に点を稼ぐ「受かる人」の考え方

1 名前を書いたあとに、まず「時間配分」を考える

「受験番号」と「名前」の記入をバカにしてはいけない

試験が始まったら、まずは受験番号や名前などの必要事項を記入します。
もしかしたら、試験開始前に、あらかじめ必要事項を記入するよう指示があるかもしれません。それでも、試験が始まった直後には、もう一度受験番号と名前を確認するようにしましょう。

「何を当たり前のことを」と思うかもしれませんが、書き忘れてからでは遅いのです。

また、試験開始直後に「絶対に正解」である受験番号と名前を記入・確認することに

よって、精神的にも「いまのところは満点だ」という落ち着きを得られます。「たかが受験番号と名前」といえど、なかなか侮れません。

「試験時間」を4つに分ける

受験番号と名前を記入・確認したら、いきなり問題を解き始めてはいけません。試験時間の「時間配分」を設定します。

時間配分には2種類あります。「試験時間全体の時間配分」と「1問ずつの時間配分」です。

ここは大事な部分なので、ゆっくり説明していきます。

たとえば、「試験時間は120分、設問は大問4つ」と聞いて、あなたは時間をどう配分するでしょうか。

多くの受験生は、「試験時間120分ということは、問題を解く時間として120分使っていいということだ」「すると、大問1つに30分ずつ配分すれば、それでいい」

と考えます。**しかし、1点でも多く稼ごうとするなら、この考え方では甘いのです。**

どこが「甘い」のか。それは、「試験時間」＝「問題を解く時間」と認識していることです。実際には、「問題を解く時間」をより細分化して考えるべきです。

私は、試験時間全体を次の4つに分けて考えています。

①全体に目を通す時間
②解答する時間
③見直しの時間
④予備の時間

必ず「予備の時間」をつくる

「全体に目を通す時間」は、問題を解き始める前に、すべての問題と解答用紙を斜め読みする時間です。斜め読みをすることで「どんな問題が出ているか」「どんな解答を書けばよいか」「どの問題から先に手をつけるべきか」といった今日の試験全体のグランドデザインが描けるので、気持ちを落ち着けることができます。

「解答する時間」は、問題を解くための時間。この時間をもとに、「1問ずつの時間配分」を決めていきます。

「見直しの時間」は、問題を解いたあとに、検算や再確認をする時間です。162ページで詳しく述べますが、私は「見直し」に尋常じゃない力を注ぎます。

「予備の時間」は、文字通り予備としての時間です。

試験中は何が起こるかわかりません。予想外に見直しや検算に時間がかかったり、時間配分通りに事が運ばなかったりすることもあります。万一、そうした事態になっても、予備の時間があれば、ロスを取り戻せます。また、精神的にも若干のゆとりが持てるので、平常心で問題に取り組めるというメリットもあります。

私が受験した税理士試験の「法人税法」という科目は、理論問題と計算問題でそれぞれ2問ずつ、計4問の大問題が出題される傾向がありました。試験時間は120分です。このときは、実際には次のような時間配分をしました。

①全体に目を通す時間：５分
②解答する時間：80分
③見直しの時間：25分
④予備の時間：10分

「1問ずつの時間配分」を決める

全体の時間配分を決めたら、「1問ずつの時間配分」を決めます。
先ほどの税理士試験の「法人税法」の例でいえば、解答にあてられる時間は80分。この80分を4問の大問題のボリュームや難易度に合わせて、「A問題…20分、B問題…25分、C問題…20分、D問題…15分」というように配分していきます。時間内に終わらなくても、いったん撤退して、次の問題に移ります。そうすればひとつの問題に手間取って時間が足りなくなるという事態は防ぐことができます。

ただし、択一問題だけの試験の場合は、1問ずつ細かく時間配分を決める必要はあ

「試験時間」を4つに分ける

①全体に目を通す時間

解き始める前に、すべての問題と解答用紙を斜め読みする時間

②解答する時間

問題を解くための時間。この時間をもとに、「1問ずつの時間配分」を決める(時間内に解を終わらなくても、決めた時間が来たら次の問題に移る)

③見直しの時間

問題を解いたあとに、検算や再確認をする時間。ここにいちばんの力を注ぐ

④予備の時間

予想外の事態に巻き込まれたときのために余裕を持たせておく

りません。大きなブロックごとに配分していけばいいでしょう。

ポイント

問題を解く前に「時間配分」を細かく決める

2 勝手に出題者の気持ちになって「点数配分」を考える

配点が読めれば、「どの問題を解くべきか」が見える

時間配分を決めたら、勝手に出題者の気持ちになって「点数配分」の予測をします。

それぞれの問題が何点ぶんのウエイトを占めているのか検討するのです。

しつこいようですが、資格試験では満点をとる必要はなく、合格ラインの点数に達すればそれでOKです。配点のおおよそのウエイトがわかれば、「最低限どこを押さえて、どの程度正解であれば合格できるか」を読むことができます。極端にいえば、

「A問題とB問題は確実に正解して、C問題は6割くらいとれれば合格できる。場合によっては、D問題は0点でもかまわない」といった戦略を立てることもできるのです。

また、「配点の小さそうな問題に時間をかけず、配点の大きそうな問題に時間を多く投資する」という作戦をとることも可能です。

「時間配分」や「配点予測」のコツは、過去問を解いたり、模擬試験に多く参加することでつかむことができます。また、過去問を見ると配点が公表されているものもあるので、参考にするとよいでしょう。

本番前の模擬試験で「時間配分」と「配点予測」を習慣づけておけば、本番であわてることなく、冷静に割り振ることができます。

ポイント

配点を読んで、解く前に戦略を立てる

「点数配分」と「力の配分」

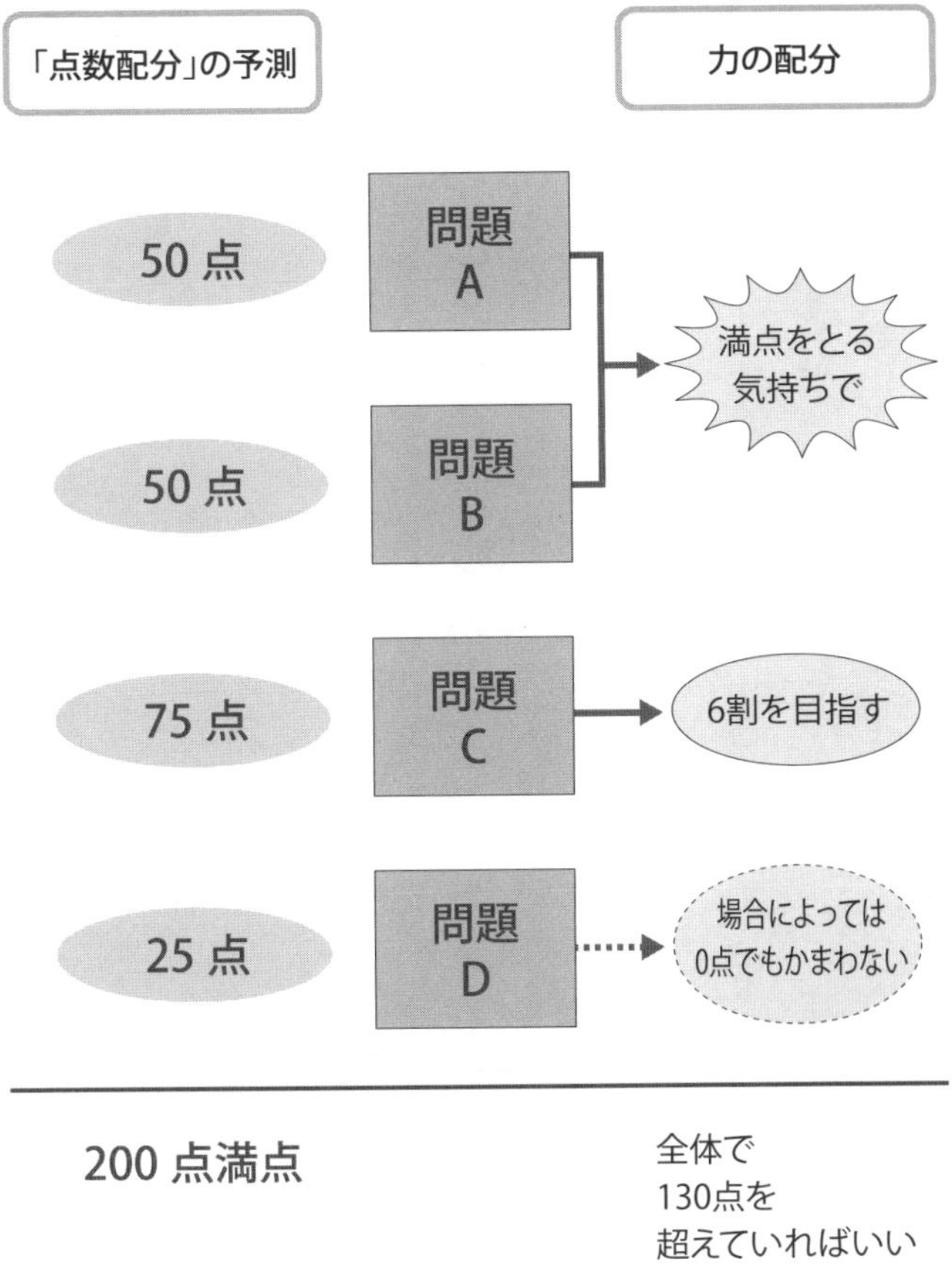
「点数配分」の予測
力の配分
50点
問題A
50点
問題B
満点をとる気持ちで
75点
問題C
6割を目指す
25点
問題D
場合によっては0点でもかまわない
200点満点
全体で130点を超えていればいい

3 とにかく解ける問題から解いていく

「問題を解くリズム」をつかむ

「時間配分」と「配点予測」を終えてから、実際に問題を解いていきます。

その際の大原則は、「解ける問題から解いていく」ことです。その原理は、82ページで説明した「得意分野から手をつける」勉強法と同様です。解ける問題から解いていくことで、確実に点を稼げますし、問題を解くリズムも出てきます。**律義に、いちばん最初の問題から順番に解いていく必要はありません。**

クラスみんなが驚いたA君の質問

私が「解ける問題から解いていくほうがよい」と意識し始めたのは、中学生のときに受けた、数学のテストからです。

当時は私を含め、ほとんどの生徒が、テストの問題は1問目から順々に解くものだと考えていました。**ところが、その数学のテストは、1問目から異様に難しい問題が出たのです。**

どんなに計算しても、時間ばかりがとられ、一向に答えが出ません。周りのクラスメイトも一緒だったと思います。

そんな中で突然、成績のあまりよくなかったA君が手を挙げて「先生、第3問について質問があります」と言いました。クラスのみんなは全員、「あのA君でさえ、もう3問目をやっているのか！」と驚き、テスト中にもかかわらずざわめいたのです。

テストが終わってからみんながA君に真相を聞いてみると、A君は「ああ、あれは1問目と2問目がぱっと見て難しそうだったから、先に3問目から手をつけたんだよ」とあっさり答えました。「なんだそんなことか！」とクラスメイトはまたざわめきましたが、それこそコロンブスの卵。素直に「わかる問題から手をつければいいんだ！」と学んだ私は、それ以来A君のやり方をまねし、最終的には税理士試験にも受かってしまったのですから、人生はわからないものです。

「試験の前半戦」で一定の点数を確保する

問題にとりかかる順番には、決められたルールは存在しません。

「確実に正解できる問題」
「時間がかからない問題」
「自分が得意とする問題」

これらから手をつければ、試験の前半戦で、確実に一定の点数を確保できます。

必死に勉強したのに、その集大成の試験本番で「1問目が難しかった」という理由

で時間を失い、確実に点数がとれる問題を逃して落ちてしまったのでは、あまりにも悲しすぎます。

「配分時間」を過ぎたら、途中でも次の問題に移る

２問目以降でも、ひとつの問題にこだわり、「予備の時間」まで使って、最初に配分した以上の時間をかけるのは危険です。**予備の時間は、あくまでも「心の余裕」のための時間です。**それがなくなると、それがあせりにつながり、ふだんは絶対にしないようなケアレスミスをしたりしてしまいます。

１４８ページで「１問ずつの配分時間」を決めましたが、その時間がきたら次の問題に移るのが原則です。「せっかくここまでやったのに」と後ろ髪を引かれる気持ちもわかりますが、トータルで合格ラインを上回るのが目的なので、全体の時間配分に支障が出ないことを最優先すべきです。

ただし、「あと１～２分で確実に問題が解けそうだ」というときは例外です。一気

に解答を出してしまいましょう。こういうときのために、「予備の時間」を確保しているのです。

ポイント

さくさくと解ける問題から解いていく

4 「問題を解く」以上に「見直し」が大事

試験時間の20％は見直しにあてる

「全体に目を通す」「問題を解く」「見直しをする」「予備」。試験時間中のこの４つの時間の中で、私がいちばん大事だと考えているのが「見直しをする」時間です。そう、「見直しをする」のは「問題を解く」よりも大事です。試験時間のうち、最低でも20％ほどは見直しの時間にあてるようにしましょう。

１６０ページのグラフが、私が考える「理想の時間配分」です。

理想の時間配分

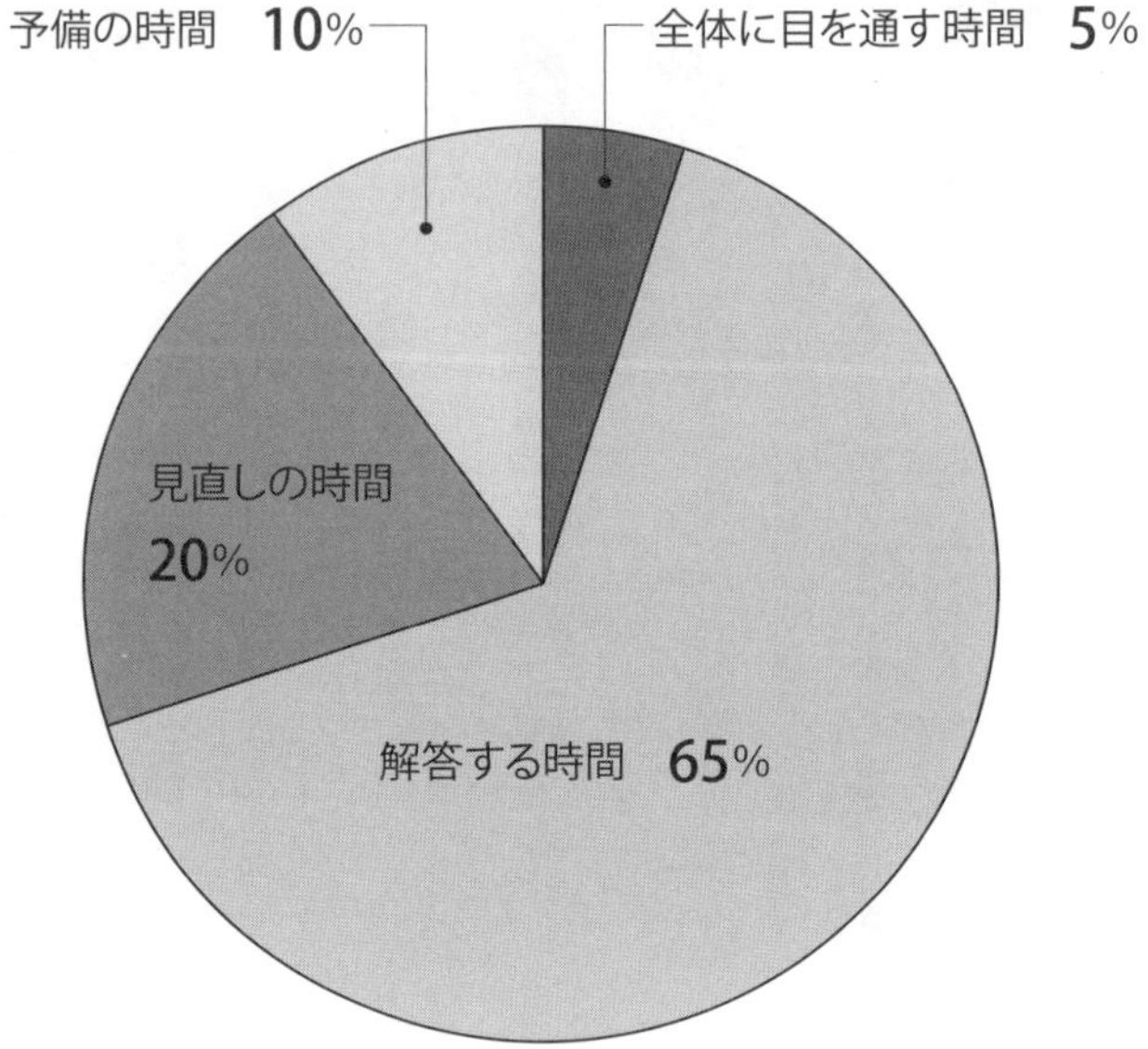

「見直しの時間」に、全体の20%ほどの時間を注ぐ

見直しとは「自己採点」である

いままで散々「見直し、見直し」と言ってきて恐縮なのですが、私の言う「見直し」は、もしかしたら「自己採点」に近いものなのかもしれません。

見直しは、「問題を解く時間」を終えてからすぐにスタートします。問題の横のスペースに「○」「△」「×」の3つの記号を書き入れながら、まずはざっと自己採点をしていきます。

「○」……絶対に正解。どう考えても正解

「△」……あと一歩で解けそうだけど、正解の確信が持てない

「×」……自信がない。難しい。苦手な問題

この自己採点を終えたあとで、**まず「×」の問題については、すっぱりと忘れてしまいます。**正解の確率は低いのですから、限りある貴重な時間をここに費やすべきではありません。

次に「○」の問題を見直します。**「○」は、「絶対に正解だ」と100%の自信を持って言える問題です。**ケアレスミスがないかどうかだけを最低2回はチェックして、この問題についてもいったん脇に置いておきます。

さて、たっぷりとつくった「見直しの時間」の貯金を、「△」の問題のために注ぎます。「△」は、「おそらく正解だけど、確信が持てない」あるいは「もう少しで解けそうだけど、ちょっと難解」という問題です。

自分の答案の中で、いちばん点数が上がる余地があるのがこの問題です。**「△」の問題がすべて「○」に変われば、合格はほぼ間違いありません。**だから「△」の問題に全神経を集中させて、「絶対大丈夫！」と思えるまでとことん考え抜きます。1問ずつ、「△」を確実に「○」に変えていくのです。

「×の問題は捨てても仕方ない。でも手をつけた問題は全問正解する」

見直しとは「自己採点」である

◎「自己採点」のランクづけ

○…絶対に正解。どう考えても正解

△…あと一歩で解けそうだけど、正解の確信が持てない

×…自信がない。難しい。苦手な問題

◎見直しの進め方

「×」の問題を捨てる

↓

「○」の問題のケアレスミスをチェック

↓

「△」の問題をとことん考え抜き、「○」に変えていく

このような強い気持ちで、「△」の問題に取り組みます。

ポイント

「手をつけた問題は全問正解する」という気持ちで見直す

5 あきらめるのは「不合格通知」が届いてから

いちばん忘れてはいけない大切なこと

本章で紹介してきた『本番で確実に点を稼ぐ「受かる人」の考え方』として、最後にもうひとつ、大切なことをお話しします。思い切り月並みですが、とても大切なことです。

それは「試験中は絶対にあきらめない」ということです。

想像してください。あなたはいま試験中で、「△」の問題を「○」に変えるべく最後の踏ん張りをしています。

見直しの途中で、やはり自分の解答に細かな間違いがあることがわかりました。これさえ直せば「○」にできます。試験の残り時間は1分ちょっと。でも、解答を修正するには3分くらいかかりそうです。

……こんなとき、一瞬でも「間に合わないかも」なんて思っていませんか？

「最後のひとかき」で勝負が決まる

コンマ何秒の世界で競う水泳では、「最後のひとかき」が勝敗を分けることもあるといいます。私は以前、2大会連続でオリンピックの金メダルを獲得した北島康介選手が、「ゴール板に手をついた時点ではなく、振り返ってタイムを確認した時点を自分のゴールに設定している」と話しているのを聞いたことがあります。

試験も同じです。試験時間が終わる瞬間、試験官が「やめ」と言う瞬間ではなく、その先をゴールに設定していれば、最後まであきらめることなく、力を出し切ることができます。

あえて言いますが、自分の一生を懸ける資格試験ですから、「やめ」と言われてもすんなりやめないくらいの心意気はほしいところです。

「私みたいな素人が税理士試験なんて受けたのが間違いだった」

私は、「試験が終わってからあきらめる」のですら、まだ早すぎると考えています。**あきらめるのは、合否の通知が届いてからでも十分です。**

1年目の税理士試験、私は「簿記論」という会計科目を受験しました。税理士になるには避けては通れない、とても難しい科目です。

税理士を目指してから1年間、専門学校の先生や家族の支えを受けながら、ここまで紹介してきた勉強法を駆使して、私なりに知識を蓄えてきたつもりでした。

しかし実際の試験は、予想よりもはるかに難しいものだったのです。大問が3つあったのですがどれも難しく、「時間配分」や「点数配分」なんてすべて吹っ飛び、じっくり見直しをする余裕もありませんでした。しかも、時間がまったく足りなくなり、3問のうち最後の1問にはほとんど手をつけないまま、白紙の状態で答案を提出するしかなかったのです。テストのあとには、絶望感しかありませんでした。

「私みたいな素人が税理士試験なんて受けたのが間違いだった」

本気でそう思いました。

私は試験会場を出ると、その最寄り駅のビルにあるデパートに直行。高めのクッキーやチョコレートを、泣きながら買い漁りました。ヤケ買いです。当時、7人家族の1日の食費は3000円。思い切りお菓子を買うなんて、すごくぜいたくだったのです。「このお菓子を食べて、もうあきらめよう」なんて考えながら家に帰りました。

夫の言葉で再び走り出す

税理士試験は8月にあり、その合格発表は12月です。普通だったら「2科目め」の取得に向けて9月から勉強を始めます。しかしはじめての税理士試験の洗礼を受けた私は、完璧に目標を見失ない、「もう勉強なんてしない。あきらめる」とやさぐれている状態でした。

大量のお菓子とともに家に帰って、そんな私の「決意」を話すと、夫は笑いながら「結果が出るまで勉強は続けたらいいじゃないか。家にいても家事が大変なだけなんだから」と言ってくれたのです。

その言葉に押され、私はとりあえず「ロスタイム」の4カ月、2科目めとして財務諸表論の勉強を始めました。そして運命の12月、奇跡の「合格通知」を受け取ることができたのです。

この経験があったからこそ、私はいま、胸を張って言えます。あきらめるのは、「不合格通知」が届いてからでも遅くはありません。

ポイント

正式に「不合格」と言われるまであきらめない

第5章

重圧に負けない「メンタル」の鍛え方

1 模擬試験を積極的に受ける

「知識をアレンジして答える力」をつける

試験本番で効果的にアウトプットするには、模擬試験で場数を踏んで、試験そのものに慣れることが重要です。

ぶっつけ本番でアウトプットしようと思っても、なかなか思うようにはいきません。普段の勉強がインプットだとしたら、試験はアウトプット。学んだ知識をそのまま吐き出すのではなく、自分なりにアレンジして解答する力をつけなければ、本番で高得点をとることはできないのです。

模擬試験は、大手の専門学校などが定期的に行っています。誰でも参加可能です。**私はある専門学校に通っていたのですが、ほかの専門学校が主催する模擬試験にも申し込んで積極的に参加していました。**「道場破り」をしていたわけです。

模擬試験に出題される問題は、専門学校が過去の試験の傾向を踏まえて作成したものです。いろいろな専門学校の模擬試験を受けることが、格好の練習となります。

いろいろな模擬試験に参加するメリット

「いろいろな専門学校の模擬試験を受ける」ことについて、もう少し詳しくお話ししましょう。

実際問題として、ひとつの専門学校の模擬試験では、問題の傾向が似通ってしまうということが起こります。その上、専門学校によって出題の傾向や採点の基準が微妙に違うため、同じような問題でも「A学校では80点、B学校では50点」ということが起こり得るのです。

しかし、このような現実に直面することこそに、複数の模擬試験を受ける意義があります。

もしもA学校で80点、B学校で50点だとすれば、「どうして点数に差がついたのか」を分析することになります。すると、たとえば、「A学校とB学校では、両方とも『理由（根拠）』を重視している点は同じだが、B学校は『例外』についても深い知識を要求している」といったことがわかります。こうした分析をしておくと、より理解度が深まり、高得点が狙える解答を書けるようになるのです。

A学校で80点、B学校でも80点だとしたら、その分野については、ある程度マスターしていると考えることができます。一方、A学校で50点、B学校でも50点だとしたら、この分野については十分に理解していないことがわかります。

このように自分の理解度を知り、さらに深めるという意味で、複数の専門学校の模擬試験に参加することは大切です。

複数の模擬試験に参加し、自分の弱点を見つける

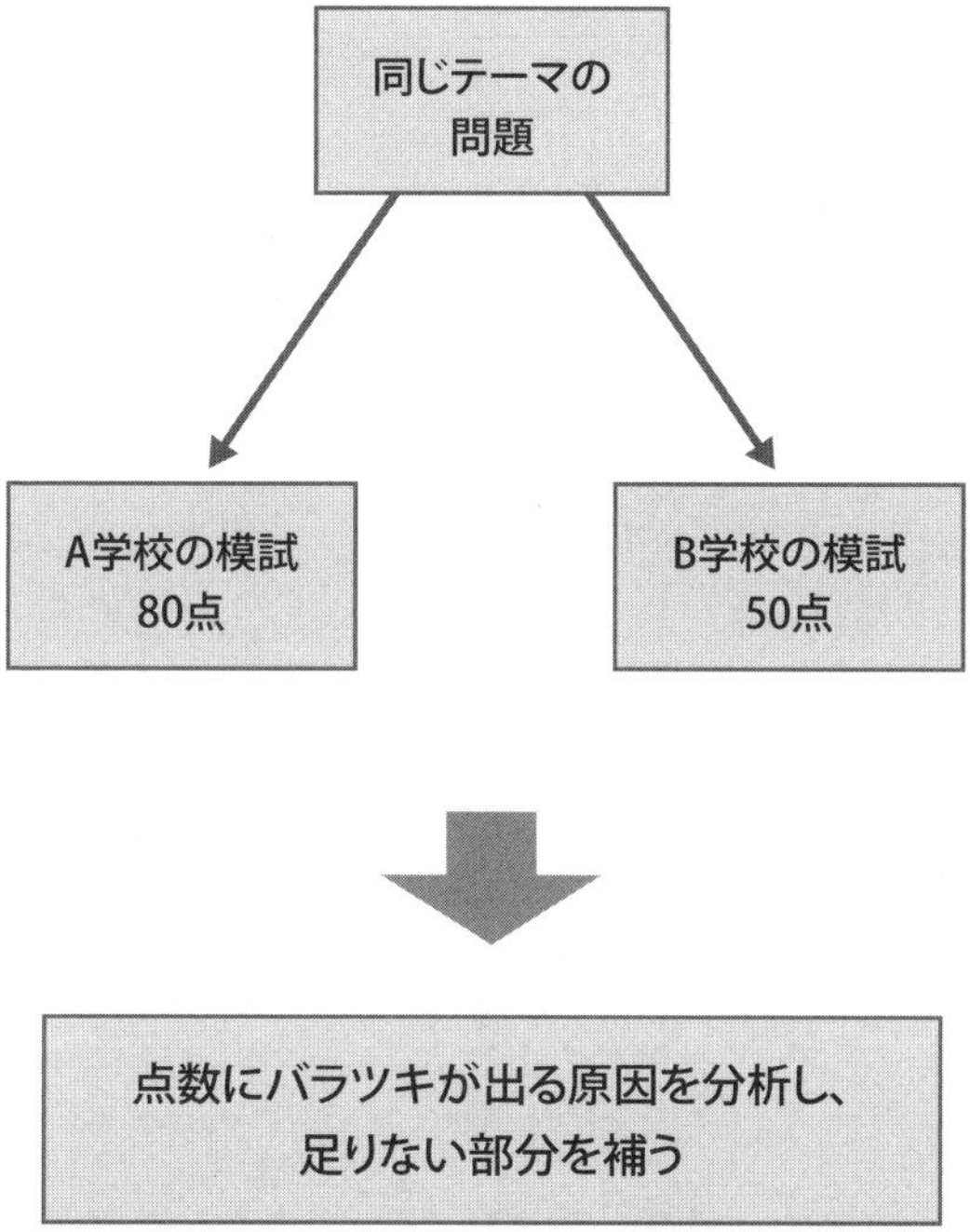

ケアレスミスの傾向をつかむ

模擬試験を何回か受けていると、自分のケアレスミスの傾向に気づくことがあります。試験の場は平常心でいるのが難しいので、普段はしないようなケアレスミスが発生しやすいのです。

私の場合は、電卓を早く打つのが苦手だったので、あわててよく打ち間違えることがわかりました。自分が犯しやすいミスを把握していれば、落ち着いて電卓を打ったり、検算を慎重に行ったりといった対策をとることができます。私の場合、普通の人が2回電卓を叩いて検算してOKとするところを、必ず3回検算していました。「3回とも数字が同じならOK」としていたのです。なぜなら、最初の2回とも同じ箇所で打ち間違いをしていて、実は3回目が正解だった、ということがよくあったからです。

多くの模擬試験を受けるメリット

① 「時間配分」「点数配分」の感覚をつかめる

② 独特の緊張感に慣れることができる

③ 自分の弱点をあぶり出せる

④ 本番でのアウトプット力が高まる

「本番でのアウトプット力」に直結する

「模擬試験の点数」は、そのまま「本番でのアウトプット力」に直結します。

たとえば、模擬試験で「70点」だったとしましょう。おそらく本番の試験だったら、70点あれば合格ラインを超えることができます。しかし、模擬試験で70点しかとれない人は、本番ではさらにその70%、つまり「49点」しかとることができないと私は考えています。同じように、模擬試験で「80点」とれれば、本番でその80%である「64点」をとれる力がついているととらえます。

もしも合格ラインを「70点」に設定するなら、模擬試験で「85点」をとれる力をつけておかないと、合格は望めないということになります。

ポイント

模擬試験に多く参加して、安定したアウトプット力をつける

2 本番1週間前からは、「重要ポイントの復習」だけを繰り返す

「絶対に外せないポイント」を見直す

本番の1週間前からは、新しい知識を仕入れるより、「絶対に外せない重要なポイント」を再確認することに集中しましょう。

このとき頼りになるのは、マーカーを引いたり書き込みを入れたりした、自分オリジナルのテキストと問題集です。**なかなか覚えられなかったピンクのマーカー部分や、問題集の「攻略済みだが重要」の付箋（ページの上）がついた部分を中心に見直していくと、重要なポイントを網羅的に押さえることができます。**

周りの情報に、必要以上に振り回されない

試験直前には、「あのテーマが出る」といった類のさまざまな情報が飛び交うこともあります。とくに法律が絡んでくる資格は、直近の法律改正にちなんだ問題が出題されやすい傾向があります。

たとえば、毎年8月に実施される税理士試験の場合は、4月に行われる税制改正に関係するテーマや、社会をにぎわせたテーマの問題が出題されることもあります。

もちろん、最低限の知識を押さえておくことは重要です。しかし、試験直前に必要以上に振り回されてはいけません。とくに本番1週間前からは、これまで自分がやってきた勉強にモレがないように復習し、確実に点数を稼げるようにするのが第一です。

ポイント

本番1週間前からは、とにかく「復習」に力を入れる

3 本番前日は、ゆったりと過ごす

細心の注意を払って過ごす

本番前日は、できれば、前日から試験会場近くのホテルに泊まるくらいの準備をしておくといいでしょう。試験当日は何が起こるかわかりません。天候やトラブルで交通機関がストップしてしまうこともありますし、電車の中でお腹が痛くなって、トイレに駆け込まざるを得ない事態も想定されます。前日から現地近くに滞在していれば、当日は余裕を持って移動することができます。

翌日に向けて体調を整えるためには、夜更かしすることなく、早めに就寝することが大切です。最後の追い込みをしたくなる気持ちもわかりますが、試験本番で眠くなったり、体調を崩したりしては、これまでしてきた努力の意味がなくなってしまいます。

試験前日の夜は、気持ちが高ぶってなかなか寝つけないものですが、たとえ眠れなくても横になるだけで体は休まります。早めにふとんの中に入りましょう。

当日に必要な持ち物も、前日のうちに用意しておきましょう。当日の朝になって「あれがない、これがない」とあわてているようでは、平常心で試験に臨めというほうが無理な話です。

本番が近づいたら、試験会場を事前に下見しておいて、必ず交通機関や現地の状況を把握しておきましょう。

また、交通機関は必ず複数のルートを確認しておきましょう。前述のように事故などで列車が止まった場合も、複数のルートを知っていれば、あわてず冷静に対処できます。

織田信長が少ない軍勢で「桶狭間の戦い」に勝ったのは、戦場の地形や天候を熟知していたからです。試験会場という戦場について事前の情報を自分の目で見て確かめておくことが大切です。

ポイント

試験前日は、事故・病気・ケガのリスクを極力追わない過ごし方をする

4 アウトプットの精度を上げる本番当日の「儀式」

開場時間と同時に会場入りする気持ちで

試験当日は、早めに自宅やホテルを出て、最低でも試験開始の1時間前には到着するように心がけましょう。私が税理士試験を受けたときには、2時間前には試験会場に到着し、近くのカフェで最後の確認作業をしていました。

試験会場にも、できるだけ早く入ることが大切です。開場時間と同時に入るくらいの気持ちで乗り込みましょう。**会場には独特の緊張感が充満していて、雰囲気も模擬試験とは全然違います。**早めに席に着くことで、雰囲気に慣れることができます。

「おまじない」に頼る

また、試験当日は、平常心を保つために「おまじない」となるようなアイテムを持参するのもおすすめです。

私は、いつも勉強前に飲んでいたサプリメントを摂取しました。さらに、「ここ一番」というときにいつも飲んでいる栄養ドリンクも一気に飲みました。これらを飲んだからといって具体的に「○点上がる」という効果が保証されるわけではありません。**しかし、「よし、これをやったから大丈夫！」という心理的な効果を得られるだけで十分です。**まさに「おまじない」です。ほかにもお気に入りの音楽を聞く、勝負服を着るなど、平常心で試験に臨めるアイテムや行動であれば、なんでもかまいません。

ポイント

精神状態を落ち着ける「儀式」を身につける

5 試験会場では、したたかに振る舞う

行儀よすぎるのは考えもの

会場には、さまざまな人が集まっていますが、周りの人を気にする必要は一切ありません。先に述べたように、資格試験は他人との競争ではなく、自分との競争です。試験の合格ラインに達することが最大の目的です。

だから、周りを気にして「あの人は勉強できそうだなぁ」と怖気づいたり、「ここが出る、あそこが出る」などと会話を交わす人の情報に惑わされたりしてはいけません。**もう自分を信じるのみ。これまでやってきた勉強に自信を持って、「自分は受か**

る」と強く念じることが大切です。

どうしても雰囲気にのまれて、平常心を取り戻せない人は、あまり大きな声でオススメできる方法ではありませんが、自分よりもダメで受からなそうな人を見つけることも対策のひとつです。「あの人に比べれば、自分はできる」と、自信を回復するきっかけをつかむことができます。

問題用紙が配られたら、いよいよ試験がスタートです。最初は裏返しにされた状態で問題用紙が配られると思いますが、この時点ですでに戦闘態勢に入っていなければいけません。

私の場合は、「裏から透けて見える問題を読んでやろう」と、穴が開くような視線でジーッと問題用紙を見つめていました。もちろん、問題がはっきり読めるとはかぎりませんが、そのくらいの気合いで合格を勝ち取ったのです。

ポイント

マナー違反ぎりぎりのしたたかさで本番に臨む

おわりに

当時27歳だった私に、大それた野心や人生に対するビジョンがあったわけではありません。毎日毎日家事に追われる生活から逃れたい一心で税理士試験を目指しただけの、お気楽主婦でした。あのころは、専門学校に通う時間が唯一、私の息抜きの時間でした。

しかも税理士試験合格と同時に出産したときは、「これからバリバリ仕事ができるはずだったのに……。私はどうしてこんなにツイていないんだろう」などと思ったダメ母でもあります。

それがいまでは、女性だけのスタッフ20名の事務所を主宰し、一部上場企業の子会社や外資系企業の日本法人をクライアントに持つまでになりました。タイムマシンに乗って、あのころの私に教えてあげたとしても、とても信じてはもらえないでしょう。

そもそも私が子育てと仕事を両立できたのは、税理士という仕事のおかげです。最初は1日3時間だけしか働く時間がとれませんでした。その後子どもが成長するにつれて、徐々に労働時間を増やしていったのです。幼稚園に通うようになれば、朝から働くことができます。小学校に上がれば、夕方までなら目いっぱい働くことができる。中学生になれば、夜遅くてもお留守番ができる。高校生になれば、泊りがけの出張にも行ける。

企業に勤めていれば、こんなわがままな働き方ができるわけがありません。多くの女性がキャリアをあきらめざるを得ないのが実情でしょう。

当たり前ですが、私が税理士になれたのは、「税理士という資格をとるための勉強を始めた」からです。そして、なぜ試験勉強を始めたかというと、私には勉強のほかに能がなかったからです。

誤解しないでくださいね。決して「私は頭がいい」と言っているわけではありません。ピアノやテニス、絵画、手芸、その他あらゆる才能が私にはなかったのです（ちなみに3歳からピアノを習いましたが、まったく開花しませんでした）。

もし私にピアノの才能があったら、税理士ではなく、プロのピアニストを目指していたことでしょう。でも、私には勉強する以外、何のとりえもなかったのです。

勉強にはルールがありません。ゴルフのように、一定レベルに達していないとコースに出られないなどの縛りもありません。一人ひとりのペースで、昨日より今日の自分がひとつでも新しいことを学び、レベルアップしていれば、それが勉強の成果なのです。

もしもあなたが、いまいる場所よりも少しだけ上の人生を目指したいと思っているのなら、「勉強」ほど最適なツールはありません。

税理士の勉強を始めたとき、私は簿記3級の資格さえもっていませんでした。そんな私がいきなり簿記論を受験し、一発で合格できたのは、当時TACで教鞭をとっていらした猿渡千秋先生のおかげです。「減価償却累計額」や「経過勘定項目」の意味がわからず、追いかけまわした私を嫌がらず、ていねいに指導してくださいました。

簿記論を受講するには、最低でも簿記2級レベルの知識が必要です。そんな基礎的なレベルの質問をする生徒など教室の中にはいませんでした。

「黒板をきれいに消しておいてくれるなら、あとで教えてあげるよ」。授業が終わったあとの教室で、何度個人授業をうけたかわかりません。
「本当のこと言うと、ついて来れずに、途中であきらめると思ってたよ」。税理士に合格したことを報告に行くと、優しそうな目を細めて、そうおっしゃってくださった猿渡先生。私が税理士受験の体験を元に勉強法の本を書いたと知ったら、あの人懐こい笑顔で「よかったね」と天国からほめてくださるに違いありません。

いまの私があるのは猿渡先生との出会いのおかげです。ひとつの出会い、1冊の本が人生を変えてくれることがあります。微力ではありますが、本書が、あなたが欲しい人生を手にいれるきっかけになれたら、こんなにうれしいことはありません。

私の想いを形にしてくださった中経出版の前田浩弥さん、そして私の人生を引き上げてくださった猿渡千秋先生に感謝を込めて。

著　者

〔著者紹介〕

原　尚美（はら　なおみ）

税理士。原会計事務所代表。

東京外国語大学英米語学科卒業。6人家族に嫁いで専業主婦になるが、社会とのつながりを求めて、家事のすき間時間を使い、税理士を目指す。

簿記の知識ゼロから勉強を始め、1年で「簿記論」に合格。TACの全日本答練「財務諸表論」「法人税法」では全国1位の成績を獲得し、4年で5科目合格を果たすが、直後に出産。「専業主婦のような子育て」がしたくて、1日3時間だけの会計事務所からスタートし、現在は一部上場企業の子会社や外資系企業をクライアントにもつまでに成長する。

女性のための出入り自由な事務所を目標にかかげ、全員女性だけのスタッフ20名のうち、7名がワーキング・マザーである。

「中小企業は、節税よりも財務力を強化すべき」との想いから、決算書の格付けや事業計画書の作成など地に足のついた経営支援を通じて、クライアントの9割が黒字の実績を誇る。

著書に『小さな会社の総務・経理の仕事がわかる本』『個人事業者のための会社のつくり方がよくわかる本』（いずれもソーテック社）、『51の質問に答えるだけですぐできる「事業計画書」のつくり方』（日本実業出版社）がある。

本書の内容に関するお問い合わせ先
中経出版編集部　03（3262）2124

7人家族の主婦で1日3時間しか使えなかった
私が知識ゼロから難関資格に合格した方法　（検印省略）

2012年2月2日　第1刷発行

著　者　原　尚美（はら　なおみ）
発行者　安部　毅一

発行所　㈱中経出版
〒102-0083
東京都千代田区麹町3の2 相互麹町第一ビル
電話　03(3262)0371（営業代表）
　　　03(3262)2124（編集代表）
FAX 03(3262)6855　振替 00110-7-86836
ホームページ　http://www.chukei.co.jp/

乱丁本・落丁本はお取替え致します。
DTP／マッドハウス　印刷／加藤文明社　製本／本村製本

ISBN978-4-8061-4286-7　C2034